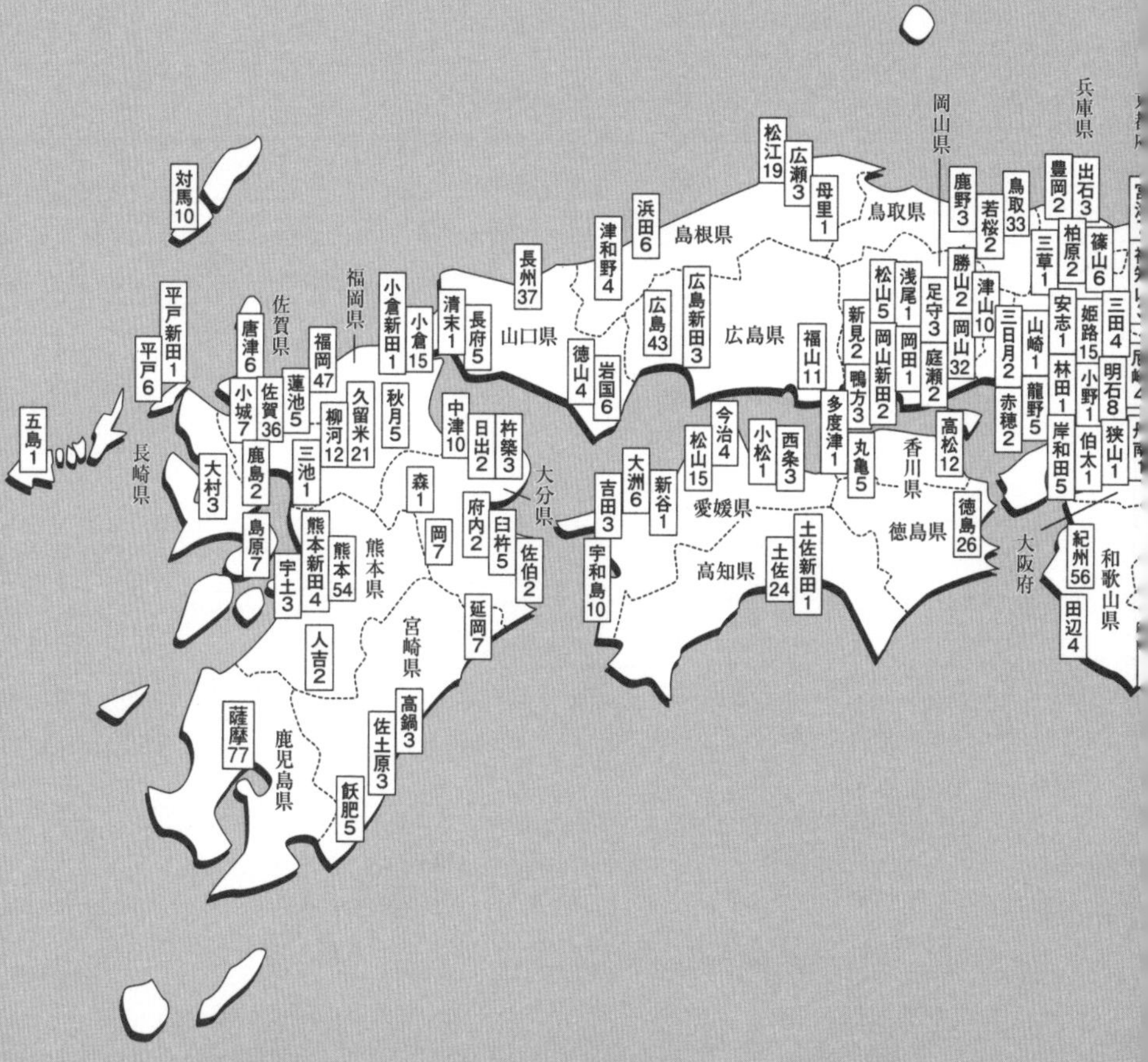
対馬10
五島1
平戸6
平戸新田1
長崎県
佐賀県
唐津6
小城7
佐賀36
蓮池5
福岡47
福岡県
小倉新田1
小倉15
清末1
長府5
長州37
山口県
津和野4
浜田6
島根県
松江19
広瀬3
母里1
鳥取県
岡山県
鹿野3
若桜2
鳥取33
兵庫県
豊岡2
出石3
柏原2
篠山6
三草1
大村3
鹿島2
三池1
柳河12
久留米21
秋月5
中津10
日出2
杵築3
大分県
森1
府内2
臼杵5
佐伯2
岡7
島原7
宇土3
熊本新田4
熊本54
熊本県
人吉2
宮崎県
延岡7
高鍋3
佐土原3
飫肥5
薩摩77
鹿児島県
徳山4
岩国6
広島43
広島新田3
広島県
福山11
新見2
松山5
岡山新田2
浅尾1
岡田1
足守3
庭瀬2
勝山2
岡山32
津山10
鴨方3
多度津1
丸亀5
高松12
香川県
今治4
小松1
西条3
松山15
大洲6
新谷1
吉田3
愛媛県
宇和島10
土佐24
土佐新田1
高知県
徳島26
徳島県
三日月2
赤穂2
山崎1
龍野5
安志1
林田1
姫路15
小野1
三田4
明石8
岸和田5
伯太1
狭山1
大阪府
紀州56
田辺4
和歌山県

シリーズ藩物語

福岡藩

林洋海……著

現代書館

プロローグ

福岡藩物語

ふてーがってえ、福岡藩の話ばせないかんげな。

人口一五三万、九州一の大都として栄える福岡市は、長らく黒田氏の城下町というより、商都博多・祭りの町として知られてきた。

福岡より博多を有名にした祭りは「博多どんたく」と「博多祇園《ぎおん》山笠《やまかさ》」である。「博多どんたく」は全国から二〇〇万余の観客を集める日本最大級の祭りとして知られ、山笠はその勇壮さで観客を熱狂させる。人気の高い博多の陰に城下町福岡は隠れていたのである。

このように他の藩と異なり、福岡藩には城下町福岡と町人町博多の二つの顔があった。これには商都博多が先にあり、城下町福岡が後にできたことがあって、当時から双子都市といわれていた。いまでも「福博の町」というのはこういう所以があったのである。

そのため福岡と博多では文化も違えばことばも違った。

城下町の福岡が武家文化、博多が町人文化である。ことばでは、福岡弁は「がっしゃい」などといい、博多弁は「しんしゃい」である。現在、「がっしゃい」はほとんど聞くことはないようだが、昭

藩という公国

江戸時代、日本には千に近い独立公国があった

江戸時代。徳川将軍家の下に、全国に三百諸侯《しょこう》★の大名家があった。ほかに寺領や社領、知行所《ちぎょうしょ》★をもつ旗本領《はたもとりょう》などを加えると数え切れないほどの独立公国があった。そのうち諸侯を何々家《け》家中《かちゅう》と称していた。家中は主君を中心に家臣が忠誠を誓い、強い連帯感で結びついていた。家臣の下には足軽《あしがる》層《そう》★がおり、全体の軍事力の維持と領民の統制をしていたのである。その家中を藩と後世の史家は呼んだ。

江戸時代に何々藩と公称することはまれで、明治以降の使用が多い。それは近代からみた江戸時代の大名の領域や支配機構を総称する歴史用語として使われた。その独立公国たる藩にはそれぞれ個性的な藩風《はんぷう》と自立した政治・経済・文化があった。幕藩体制とは歴史学者伊東多三郎《いとうたさぶろう》★氏の視点だが、まさに将軍家の諸侯の統制と各藩の地方分権が巧く組み合わされていた、連邦でもない奇妙な封建的国家体制であった。

今日に生き続ける藩意識

明治維新から百四十年以上経っているのに、今

和四十年代までは、旧福岡地区ではふだんに使われていたらしい。
これだけ有名になった博多だが、実は「博多」という町名はない。JRで他所から来た人が驚くのは福岡に着いたつもりが、駅名が「博多」となっていることである。つまり「博多」は駅名にだけ存在する。ところが旧福岡地区にあったターミナル駅の「福岡駅」が、改称されて「天神」となって、福岡は駅名からなくなった。

これは福岡人の気質もあるようだ。福岡気質は福岡だろうが、博多だろうが気にしない。「どげんでもよか」というわけで、「おおまん」なのである。お祭りに熱中する博多もんは、一方で「飽きやすの好きやす」である。つまり何事にも「熱しやすいがすぐ冷めやすい」という意味だが、そげん言わんでも、こだわりはしろしか（面倒）、ぎょーらしかこつはせからしか、ぐぜる奴はうてあわんので、ものたらなしさもあるらしい。ばってん、おおまんで「よそもん」の区別がないので外国人が日本で一番住みやすい町になっている。

博多名物屋台で、いきなり隣の人から「どっから来らっしゃったと、まあ、呑みんしゃい」とビールを注がれ、三分後に友人のように話が弾んだ旅行者も多いはずである。これが博多で、播磨《はりま》から来た黒田さんもよそもんだが、すぐに馴染んだはずである。

でも日本人に藩意識があるのはなぜだろうか。明治四年（一八七一）七月、明治新政府は廃藩《はいはん》置県《ちけん》★を断行した。県を置いて、支配機構を変革し、今までの藩意識を改めようとしたのである。ところが、今でも、「あの人は薩摩藩の出身だ」とか、「我らは会津藩の出身だ」と言う。それは侍出身だけでなく、藩領出身も指しており、藩意識が県民意識をうわまわっているところさえある。むしろ、今でも藩対抗の意識が地方の歴史文化を動かしている。そう考えると、江戸時代に育まれた藩民意識が現代人にどのような影響を与え続けているのかを考える必要があるだろう。それは地方に住む人々の運命共同体としての藩の理性が今でも生きている証拠ではないかと思う。

藩の理性は、藩風とか、藩是《はんぜ》とか、ひいては藩主の家風ともいうべき家訓などで表されていた。

〔稲川明雄（本シリーズ『長岡藩』筆者）〕

諸侯▼江戸時代の大名。
知行所▼江戸時代の旗本が知行として与えられた土地。
足軽層▼足軽・中間・小者など。
伊東多三郎▼近世藩政史研究家。東京大学史料編纂所所長を務めた。
廃藩置県▼藩体制を解体する明治政府の政治改革。廃藩により全国は三府三〇二県となった。同年末には統廃合により三府七二県となった。

シリーズ藩物語

福岡藩

目次

これも福岡

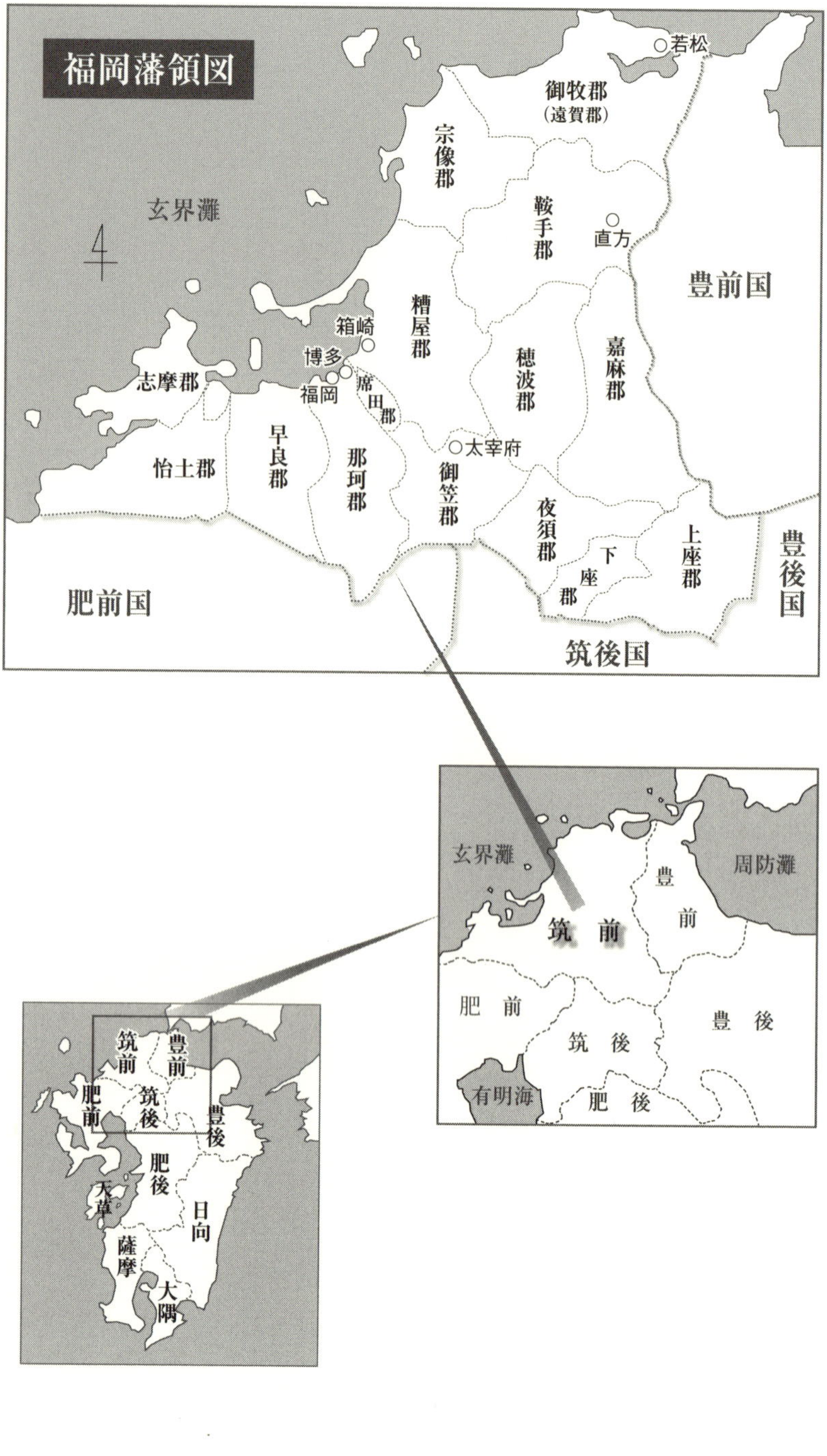

福岡藩領図
若松
御牧郡
(遠賀郡)
宗像郡
玄界灘
鞍手郡
直方
豊前国
糟屋郡
箱崎
博多
志摩郡
福岡
席田郡
穂波郡
嘉麻郡
太宰府
早良郡
怡土郡
那珂郡
御笠郡
夜須郡
下座郡
上座郡
豊後国
肥前国
筑後国
玄界灘
周防灘
豊前
筑前
肥前
筑後
豊後
有明海
肥後
筑前
豊前
肥前
筑後
豊後
肥後
天草
日向
薩摩
大隅

第一章 福岡藩前史

九州平定ののち、秀吉は神屋宗湛の要請で、博多の復興を黒田官兵衛に命ず。

①九州国割りによる藩体制の確立

筑前は豊後の大友、薩摩の島津、そして中国の毛利の草刈り場だった。
そのため九州一を誇った大都市「博多津」の町は見る影もなく荒れ果てた。
戦国の覇者秀吉は九州を平定し、唐入りの前進基地とすべく、博多津を復興した。

秀吉の九州平定

福岡藩を語るには秀吉の九州平定から語らねばならない。

それまで筑前といった福岡は自由都市博多津があったが、突出した領主がいず、中国の大内氏や毛利氏、豊後の大友氏、薩摩の島津氏の草刈り場となって、長らく荒廃していた。事態が大きく動き出したのは天正四年（一五七六）で、薩南の雄島津氏が北征を始めてからである。危機にひんした大友は京へ上り、天下を制した豊臣秀吉に助けを求めた。秀吉は中国や四国を制し、九州平定に乗り出そうとしていたときであり、天正十四年七月十日、島津討伐を決定した。

秀吉は黒田官兵衛孝高《よしたか》を軍監に命じ、「九州征伐の上は、九州で二国を与える」と約束した。ここに黒田氏と九州のかかわりができた。

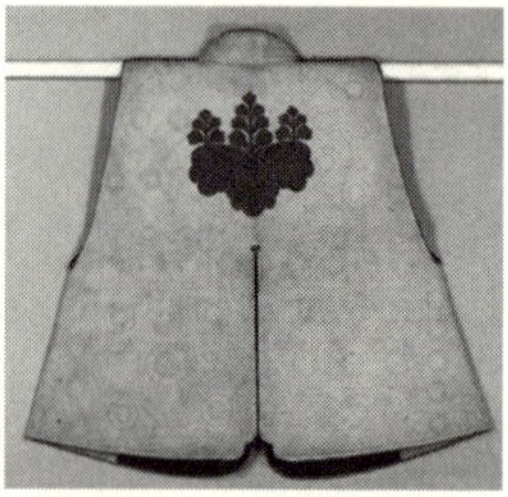

秀吉所有華文刺繡陣羽織
（嘉麻市蔵）

孝高は秀吉軍の先鋒に命じられた毛利輝元と軍議し、九州へ進撃した。

九州に上陸した毛利軍は怒濤のごとく、北九州の島津方の土豪を次々に落としていった。孝高の方針は調略により、戦わずして秀吉方に下らせる方針だったが、調略に応じない土豪は見せしめのために攻め落としている。

周囲を湿地と沼地に囲まれた要害にある宇留津《うるつ》城（築上町）の賀来《かく》氏は調略に応じなかった。十一月七日、孝高は、小早川隆景《こばやかわたかかげ》の助けを借りて落とし、城兵千余人の首を切り、籠城していた老若男女は、すべて「はたもの（磔）」にかけている。

天正十五年三月一日、秀吉が畿内・中国の三七カ国から三〇万の兵を率い出陣した。孝高と毛利輝元は秀吉を迎え、小倉《こくら》城で島津討伐の軍議をもった。

孝高は軍勢を二手に分け、豊後・日向路と筑前・筑後・肥後を下る二ルートから島津を攻める作戦を進言した。秀吉は孝高に秀吉本隊の島津攻めのルートを問い、孝高は秀吉本体について、筑前、肥後ルートを進言、太平洋に沿って下る日向路の軍は秀吉の弟の秀長が率いて下った。

筑前の古処山《こしょさん》（現・朝倉市）で迎え撃つ島津方の先鋒秋月種実《たねざね》は、それまで経験したことのない地平を覆う秀吉の軍勢に圧倒され、戦わずしてその軍門に下った。

秀吉の軍勢は、九州一の軍事力をもつ島津でさえ想像を絶するすさまじい大軍

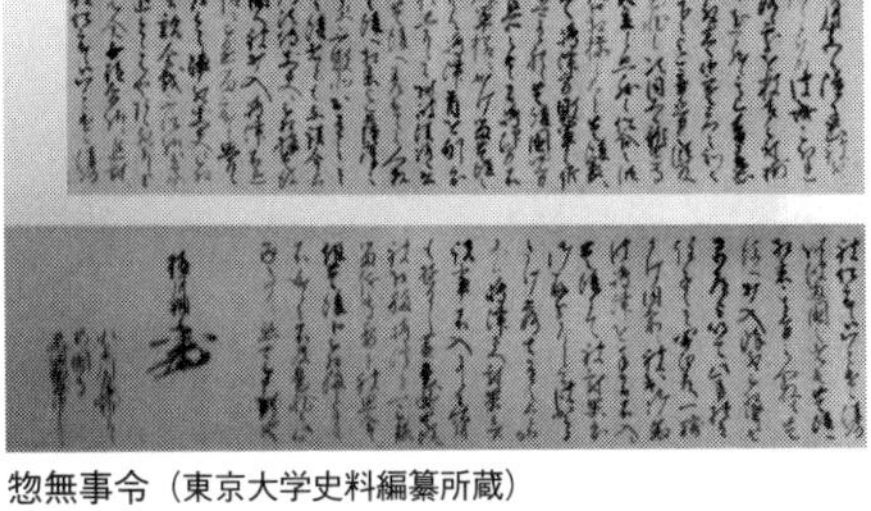

惣無事令（東京大学史料編纂所蔵）
〔大友の請いをいれ、惣無事令（停戦令）を秀吉が出した〕

秀吉の九州侵攻

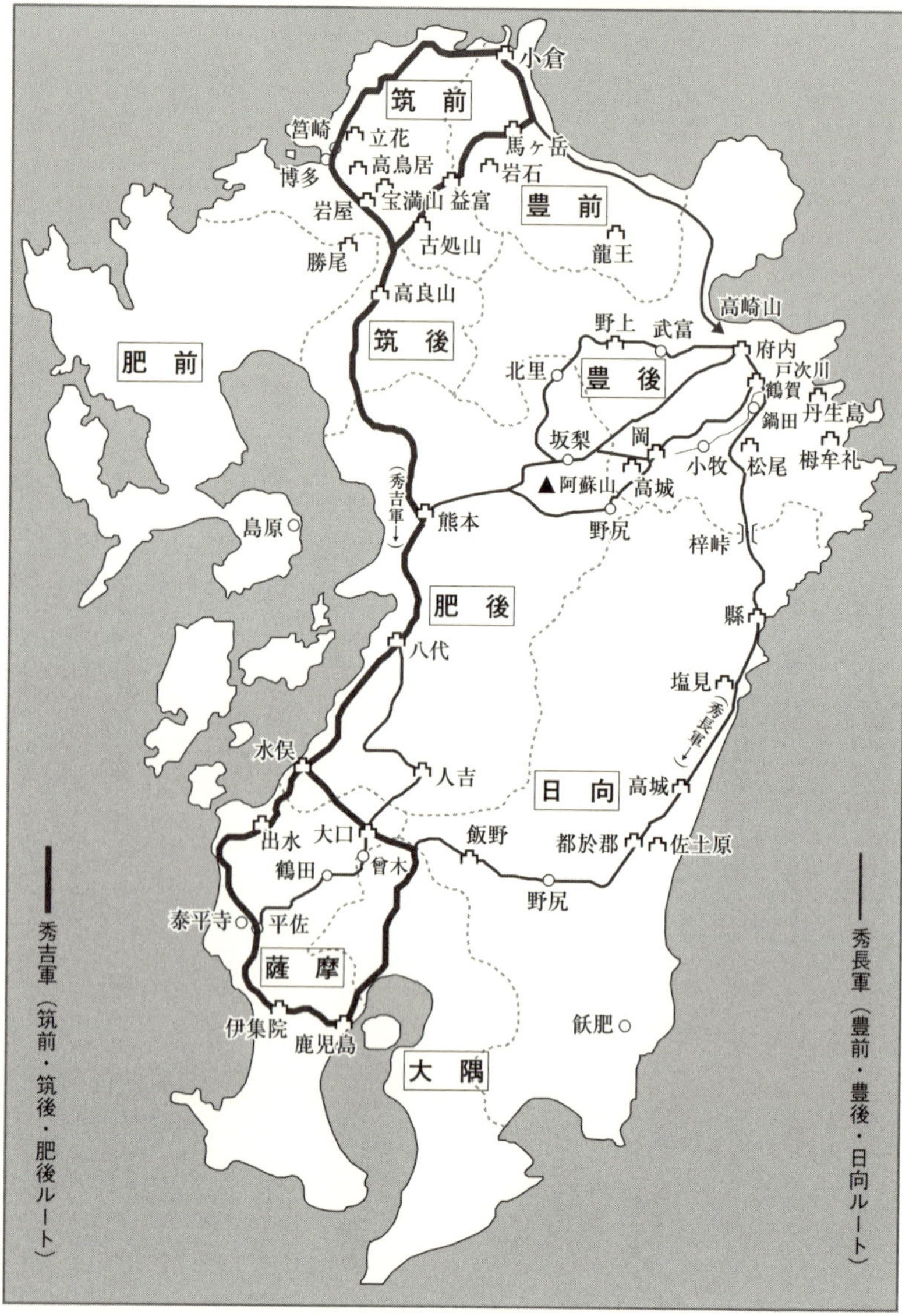
筑前
豊前
筑後
豊後
肥前
肥後
日向
薩摩
大隅
小倉
馬ヶ岳
岩石
益富
宝満山
筥崎
立花
高鳥居
博多
岩屋
勝尾
古処山
龍王
高良山
高崎山
野上
武富
府内
戸次川
鶴賀
鍋田
丹生島
北里
坂梨
岡
小牧
松尾
栂牟礼
阿蘇山
高城
野尻
熊本
島原
梓峠
縣
八代
塩見
秀吉軍
秀長軍
水俣
人吉
高城
出水
大口
飯野
都於郡
佐土原
鶴田
曾木
野尻
泰平寺
平佐
伊集院
鹿児島
飫肥
秀吉軍（筑前・筑後・肥後ルート）
秀長軍（豊前・豊後・日向ルート）

だった。次第に追い詰められた島津は、城下まで一〇里に迫られ、五月六日、島津義久が僧体となって、秀吉に降伏した。

太閤町割り

天正十五年（一五八七）六月七日、秀吉は博多に戻って筥崎《はこざき》八幡宮に滞在した。六月十日、秀吉は博多の商人神屋宗湛《かみやそうたん》の案内で、箱崎浜からポルトガルの軍船フスタ船で博多湾に出て、博多の街を巡視した（『宗湛日記』）。

このとき、秀吉は宗湛から博多の町の復興を懇願されている。博多は戸数一万戸余の九州一の大都会だったが、この頃相次ぐ兵乱のために荒廃していた。

天正八年、肥前《ひぜん》の龍造寺《りゅうぞうじ》の博多侵攻、十四年の島津侵攻で焼き払われ、宣教師ルイス・フロイスによれば「龍造寺によって、博多の町は破壊され、焼却され、蹂躪《じゅうりん》し尽くされ、市の痕跡すらとどめぬ有様だった」その後の島津の焼き打ちである。秀吉が見た博多の町は雑草に覆われた野原と化していたのだという。

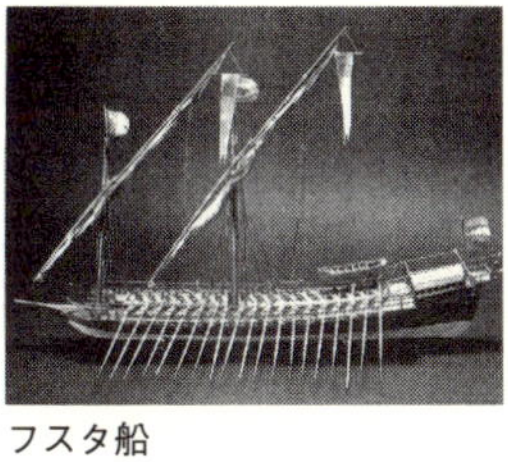
フスタ船

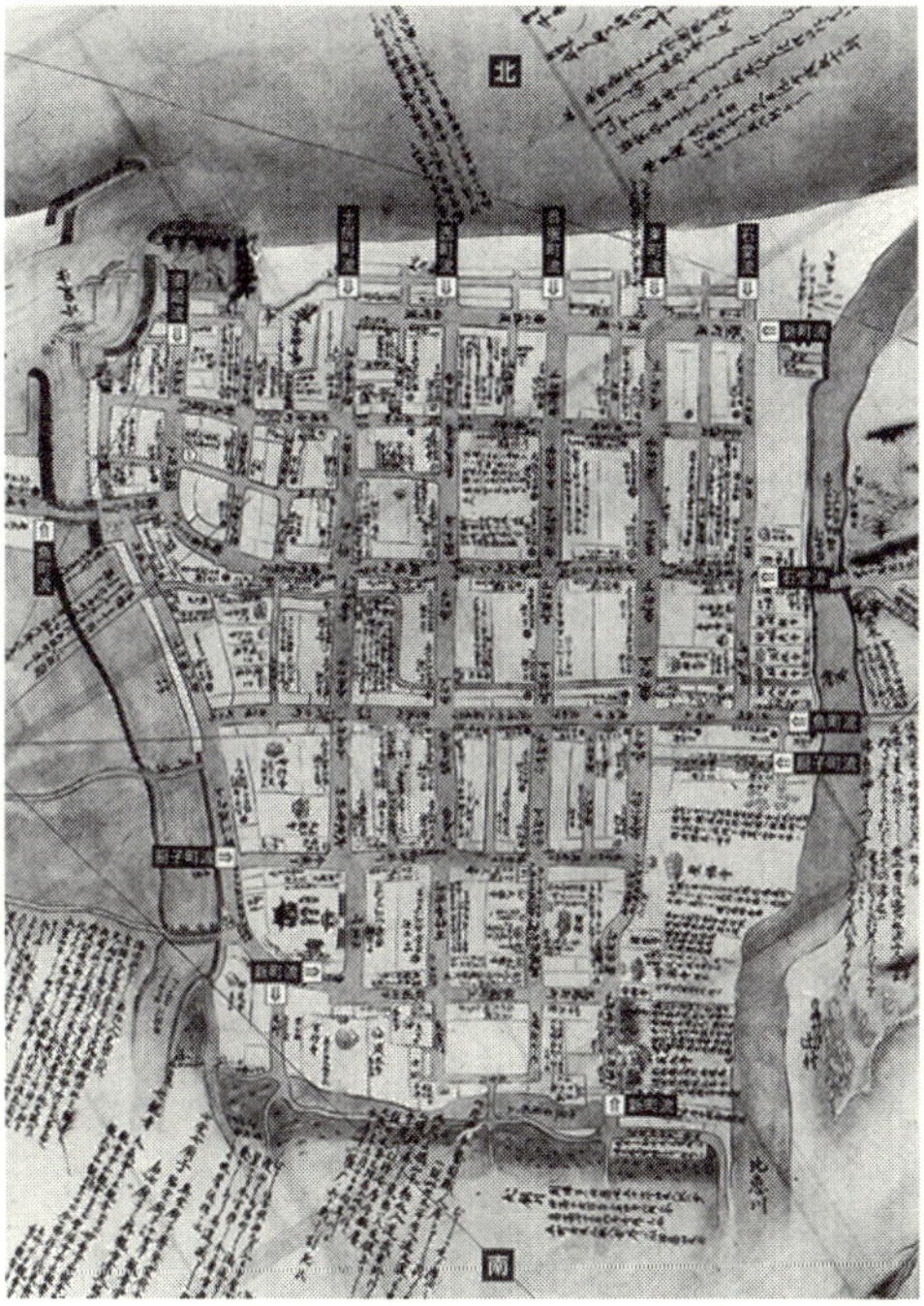

福岡城下・博多・近隣古図（九州大学附属図書館蔵）

博多の町は秀吉によって、まったく新しく造り替えられたのである。

すでに「唐入り構想」を得ていた秀吉は、博多を兵站《へいたん》基地にして、博多商人をその調達に従事させようとしていたこともあり、宗湛や町衆の願いを聞き入れ、復興に手を貸した。博多の町割りを一〇町（一一〇〇メートル）四方に定め、東を石堂川、西を博多川、南を辻の堂、北は博多湾を限りとした。

そして秀吉は黒田孝高を普請奉行に命じ、孝高は家臣の久野四兵衛に縄張《なわば》り（設計）を命じた。

「太閤町割り」は街路をつけ替え、碁盤目の整然とした長方形街区とし、街路に沿って奥行きの長い短冊形の屋敷地割りを行って、町屋を整備した。

このとき町の景観に焼け残った廃材をリサイクルしたのが「博多塀」だという。

町割りでは、南北の縦筋を本町とし、東西を横町・脇町とした。その上で市街は七小路・七番・七口・七堂・七流・七厨子・七観音に分け、七七《しちしち》、四九とした。

七小路　金屋小路・市小路・奥小路・浜小路・対馬小路・古小路・中小路
七番　竹若番・箔屋番・蔵本番・奈良屋番・麴屋番・倉所番・釜屋番
七口　浜口・象口・龍口・川口・堀口・蓮池口・渡唐口
七堂　萱堂・石堂・奥堂・脇堂・普賢堂・辻堂・瓦堂
七流　呉服流・東町流・西町流・土居流・須崎流・石堂流・奥流
七厨子　奥堂厨子・普賢堂厨子・瓦堂厨子・脇堂厨子・萱堂厨子・観音厨子・

廃材をリサイクルした博多塀

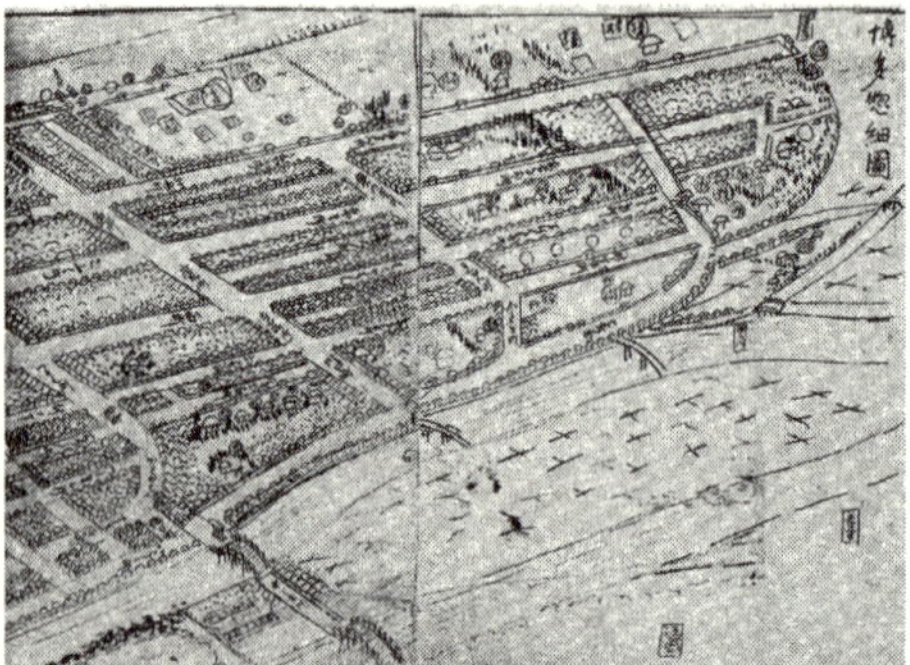

太閤町割り「筑前名所図絵」

文殊厨子

七観音　大乗観音・妙楽観音・龍宮観音・聖福観音・乳峰寺観音・東寺観音・観音寺観音

秀吉は博多の町には武家の居住を許さず、楽市楽座を開いて、自由都市とし、町の運営に定書を出して、商業の発展を促した。

定　筑前博多津

一、商業の自由
二、地子・夫役の諸税の免除
三、日本中津々浦々における博多津中廻船の保護
四、喧嘩両成敗
五、いわれのない訴訟や指令の禁止
六、出火・放火は本人を罰し、連座制を廃止
七、徳政（債権放棄・債務免除）の免除
八、給人・武士の居住を許さず
九、権力者の押買い（押し売り）や狼藉を許さず
右条々若違反の輩於在の者、忽可被処罪科候由候也
天正十五年六月　秀吉

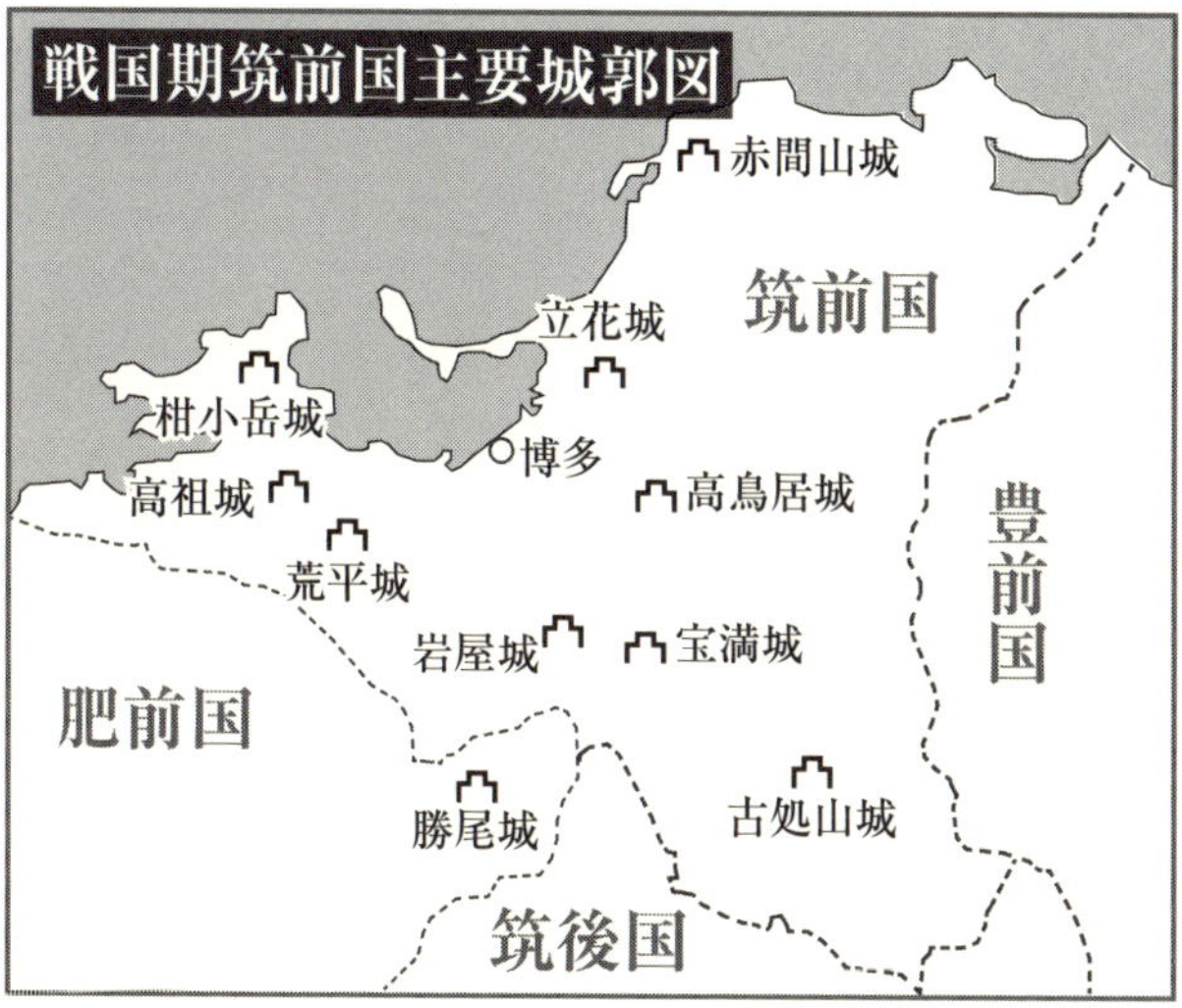

その上で島井宗室・神屋宗湛・柴田宗仁・西村九郎右衛門・高木源右衛門・鶴田宗悦・勝野了浙、末次宗得らの「博多津中」の町衆に町の運営を任せている。

このように福岡は商業都市博多が先に存在し、九州一の大都市として、アジアに国を開いて、独特の商人文化を築いていた。しかし、孝高にしろ、この十三年後に博多に返り咲くことになろうなどとは思いもよらなかったに違いない。

小早川隆景の筑前就封

九州平定を終え、筑前の博多に戻った秀吉は筥崎八幡宮に陣所をもうけ、「太閤国割り」という、九州諸大名の国割り（領地配分）を行った。

すでに「唐入り構想」を得ていた秀吉は筑前筑後を兵站基地にすべく重要視していた。そのため水軍に長じた毛利本家を古くからの貿易港である博多に移封させようとした。命を受けた毛利輝元は「しかれば、博多津は大唐・南蛮・高麗の国々よりの船着き場に候間、殿下の御座所普請申しつけ、留守居として小早川隆景在城候事」と言上し、輝元の代理として一族の小早川隆景を推挙した。

隆景は毛利元就《もうりもとなり》の「三本の矢」で有名な隆元《たかもと》、元春《もとはる》、隆景の毛利三兄弟の三男で勇猛果敢にくわえて思慮深く、三兄弟の中でも抜きんでていた。

小早川隆景
（米山寺蔵）

備後《びんご》の三原を領していた隆景は秀吉の信頼が厚く、四国攻めの功で、伊予《いよ》に領地を与えられていたが転封となり、三原にくわえ筑前一国と筑後の三井・御原、肥前の基肄《きい》・養父郡を有する大大名となって、九州の抑えの役目を担った。

しかも、このとき怡土《いと》郡と引き換えに博多津を入手している。

また、領地の内、筑後久留米七万五千石を養子の秀包に与えた。秀包は黒田官兵衛の勧めでキリスト教に入信したキリシタン武将だった。秀包の妻は大友宗麟の娘引地で、洗礼名をマセンシャといい夫婦ともに熱心なキリシタンだった。このような秀包の庇護と奨励で久留米は一躍キリスト教布教の中心地となった。

隆景は当初立花氏の立花城に入っていたが、秀吉から「天下統一で、峻険な山岳の要害にある城は不要であり、城は海陸の交通の要所に置くべし」といわれ、名島《なじま》に新城を定めた。瀬戸内海を制する村上水軍の長でもあった隆景は領地三原でも海に面した城を築いていて、天正十六年（一五八八）二月二十五日、博多湾に面した名島に船溜りを備えた新城の建設にかかり、短期間で完成させている。

名島城は三方を博多湾と多々良川・宇美川に囲まれ、より要害堅固な海城となり、水運による内陸の米の集散地として優れてい

た。

隆景は旧領の三原に若干の家来を残して、井上春忠、鵜飼元辰、桂景種などの重臣を率いて名島城に入った。

隆景は新領地の統治にあたり、まず、筑前領内にあった寺社の保護をして、領民を安堵させている。宗像大社《むなかたたいしゃ》の拝殿、太宰府天満宮《だざいふてんまんぐう》の本殿、筥崎八幡宮の楼門は隆景の寄進によるものである。

筑前での隆景の重大な使命の一つが秀吉の「朝鮮攻略」だった。

隆景は自ら兵を率いて渡韓するとともに、筑前は豊臣軍の兵站基地となり、朝鮮派遣軍の兵站も担っている。隆景の留守を預かった奉行の手島景繁は「名島留守居衆」を率い博多町衆を指揮して、在鮮の隆景への補給物資の手配や朝鮮への発進基地である肥前の名護屋《なごや》へ、さまざまな生活物資から武器弾薬などの軍事物資にくわえ、不足する人材まで海路送りだした。

隆景が名島に居たのは七年におよぶが、その後半は朝鮮に在陣していた。

しかし、在陣中に病を得て帰国すると、文禄三年（一五九四）十一月、三原において秀吉の正室北政所の兄の木下肥後守家定の五男、秀俊（秀秋《ひであき》）を養子として迎え、毛利輝元の養女とめあわせた。実は秀吉は輝元の養子にと命じたが、毛利本家が秀吉に収奪されるのを恐れた隆景は、すでに養子の秀包がいたが、久留米の領主としていたこともあり、自分の養子にと願い出たものだった。

名島城唐門

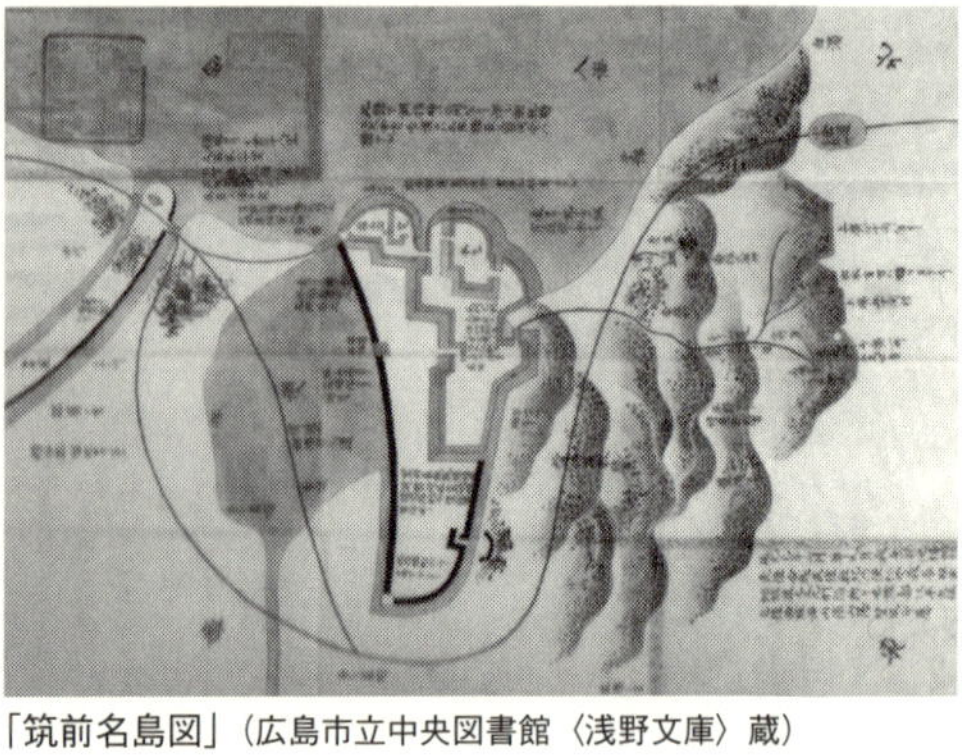

「筑前名島図」（広島市立中央図書館〈浅野文庫〉蔵）

文禄四年九月二十日、秀秋は隆景とともに名島に入った。十一月、筑前は秀秋が治めることになった。隆景は隠居料として筑前の鞍手郡・宗像郡・御牧郡（遠賀郡）の三郡を領し、三原に戻って隠居して養生に努めたが、慶長元年（一五九六）六月十二日、六十五歳で卒した。

小早川秀秋の筑前統治

慶長二年（一五九七）二月、「慶長の役」には、秀秋が朝鮮派遣軍の総大将として赴任した。秀秋は慶長三年一月に帰国し、越前十五万石へ減封されて転封となった。この裏には朝鮮での失敗があったとされているが、秀吉が小早川領を直轄地として兵站基地にするためであった。直轄地の代官として石田三成が派遣され、その後、浅野長政が筑前九郡の代官となっている。二人は引き続き「博多津中」と呼ばれた博多町衆を使って、朝鮮派遣軍への兵站基地である名護屋へ、物資や人を送っている。

秀吉は、当初、博多を唐入りへの兵站基地とするつもりだったのだが、博多湾が遠浅で大船の横づけができなかったので、朝鮮に近く、リアス式で水深の深い名護屋を兵站および前進基地としたのだという。

しかし、この直轄地は慶長三年八月の秀吉の死で終わった。

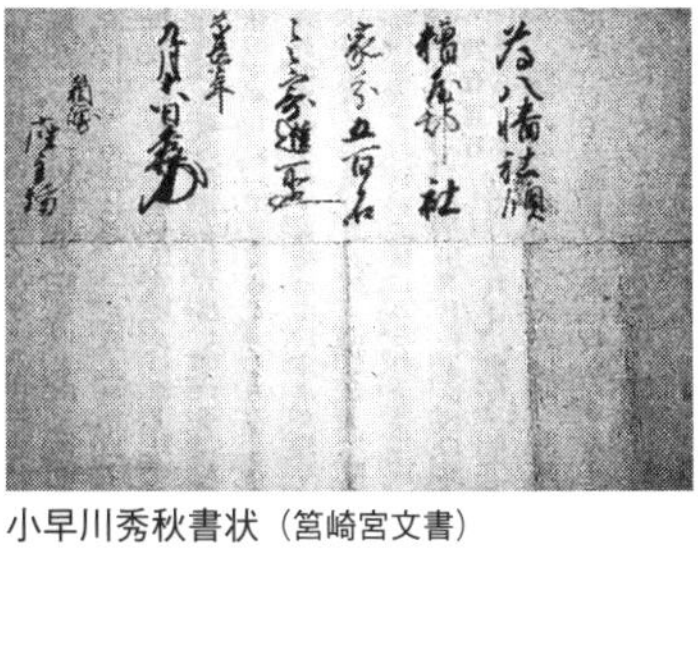
小早川秀秋書状（筥崎宮文書）

小早川秀秋
（高台寺蔵）

徳川家康を中心にした五大老は無益な朝鮮侵略を中止し、朝鮮からの撤退を決定したのである。そして慶長四年には小早川秀秋が越前から復領して来た。

筑前に復した秀秋は農民の保護を主とした五カ条の令を発し、筑前の経済回復を計った。石田・浅野ら豊臣代官衆の過酷な収奪で、堪えかねた農民の逃散が多く、田畑は荒れ、農業生産は崩壊寸前で、財政悪化は避けられなかったからである。こうした農業政策とともに「博多津中」に対しても、「玄蕃のことは、何も相立つまじく候」と、前任の山口玄蕃の過酷な政策を否定し、今後の政策は「民とともにある隆景時代」に戻すので安心せよと申しつけている。

ところが秀秋の復領は、わずか二年足らずで終わる。

石田三成の起こした関ヶ原合戦で、徳川方に与した秀秋は、その論功行賞を受け、旧宇喜多領の備前岡山五十万石に栄転していったのである。

だが二年後に二十一歳で死去した。秀秋には子がなく小早川家は断絶した。

また、隆景の養子で久留米領主だった秀包は関ヶ原の戦いで、毛利本家に順じて石田三成方の西軍に従い、敗戦後、久留米を追われた。秀包は、もし西軍が敗れ、攻め手が黒田官兵衛なら、城を開いて落ちよと留守家老に命じていた。敗戦後、攻め手が黒田軍と知ると城を開いて長州へ落ちていった。このとき娘の一人を黒田直之がもらいうけている。長州で家族と再会した秀包は毛利本家に戻ったが、数年のうちに病を得て、三十五歳で没した。

名島城跡（筑前名所図絵）

②徳川幕藩体制と筑前

関ヶ原の合戦で石田三成を降した徳川家康は、すでに天下人だった。戦後の論功行賞で家康の深慮は秀吉恩顧の大名を都から遠ざけ、辺土に置くことだった。関門海峡が自然の防衛線となり、反抗を防ぐ九州は格好の地となった。

家康の九州国割りで黒田長政に筑前を与える

秀吉没後の政局は流動的にならざるを得なかった。

まず、秀吉子飼いの大名たちが秀吉の正室北政所派と秀頼・淀殿派に分かれ、さらに次期政権を狙う徳川家康との三つ巴の争いになっていったからである。

家康は初めから政権奪取を狙っていったわけではない。すでに豊臣政権は十六年におよび天下は治まっていて、諸大名が戦乱を望まなかったからである。

実際、家康が政権を掌握する大坂夏の陣まで、関ヶ原合戦からでもさらに十五年を要している。しかし、慶長五年（一六〇〇）、石田三成が起こした関ヶ原合戦は、家康が次代の頭領であることを天下に知らしめることとなった。

関ヶ原合戦後、新しい権力者となった徳川家康は戦後処理を果断に行った。

石田方の九一家を取りつぶし、四家を減封して六百四十二万石を手にすると、これを徳川の直轄領や譜代の家臣を大名に取り立て配分した。

大名の国替えも容赦なく断行して、関東は徳川の譜代・旗本で固め、東海・近畿に縁者を残して万全を期した。豊臣恩顧の外様は奥州・中国・四国・九州に移して反抗の芽を摘み取り、徳川幕府の布石へ打って出た。

西軍側の九州の大名、小早川秀包《ひでかね》、筑紫広門、立花宗重・高橋統増兄弟などは改易を受け浪人となった。ただ、西軍に与したものの薩摩の島津は所領を安堵されている。その上で、元は豊臣恩顧の大名だが、関ヶ原合戦で徳川方に与し、戦功のあった諸大名に新たに恩賞として九州に新領地を与えた。

敗残の石田三成を生け捕りにした田中吉正に筑後三十二万石、家康の命を受け島津の進撃を抑えた加藤清正には肥後三十万石を安堵し、清正はのちに旧小西領の半分を加増され五十二万石に、関ヶ原の活躍が認められた細川忠興《ただおき》に豊前豊後三十二万石、そして関ヶ原合戦で小早川秀秋の裏切りを調略し、徳川勝利に導いた中津藩主黒田長政に博多津を含む筑前一五郡三十万八千四百六十一石を与えた。

関ヶ原合戦で徳川方に与した大名に均等にその褒賞を与えたことが分かる。

黒田五十二万石の謎

筑後一国を領した田中吉正の『田中興廃記』には、吉正が家康の強い信頼を受け「黒田・田中は無二のお味方たるにより、両人へ筑前筑後を下され候事、九州抑えの思し召しの由、内意なりければ、まず、守禦の備え第一とすべし」と、田中・黒田が家康の信頼が厚かったとあるが、これは疑わしい。

長政への褒賞として、家康は伊予（愛媛県）か、筑前のうち、望み次第と言ったところ、長政は筑前を所望したと『黒田家譜』では記しているのである。

しかし、これにはまだ裏があって、細川家の記録『綿考輯録《めんこうしゅうろく》』によれば、長政は家康の重臣井伊直政に「御恩国々については、一に伊予、二に筑前、三に豊前を考えている」と申し出た。次に直政は細川忠興に会って「伊予は駄目だが、筑前か豊前の一国を」と聞くと忠興は「西国のはてに流されるのであれば豊前を望む、豊前は上方に便よく、国しまりてよく、筑前はふしまりな国なり」と答え、さらに豊後を欲し、豊前豊後を新領地として得た。結果的に長政は当初の伊予を得られず、残された筑前になった（『福岡市史』）。

しかし、その後、福岡藩は五十万石となり突出しているが、これは新たに領地を得たのではなく、長政が旧領主小早川氏の家格と並びたいがために再検地して「長政公慶長九年御検地の御高五十万二千四百十六石」となったのだという。

それも再検地は「初めから五〇万石を得んとして欲し、当時の物成（年貢）十六万五千七百九十七石を三つ三歩の率をもって除」（『郡方古実備忘録』）して創り

黒田長政（福岡市博物館蔵）

だした机上の計算なのである（『物語福岡藩史』）。その検地の水増しは全領地で行われ、たとえば小早川時代、七千七百六十石だった下座郡は慶長検地では一万七千九百七十一石、夜須郡は一万八千百八十一石が三万三千二百五石と倍以上になっている。

「長政は、慶長六年から同八年までの間に領内の検地を行い、田畑高三十万石を五十万余に増加して、幕府に提出した」（『福岡県史』）

収量の中間地の石盛一・五一五を明治十三年（一八八〇）の全国平均一・二〇五と比べると、いかに水増しされたかが分かる。これは父の孝高が中津に置いて「検地を申しつけ候へば、五つなりにして二四、五万石ありしを、斗代を下げ一二万石に盛合わせ、公儀へ申し上げ」（『古郷物語』）とは異なるものであった。ちなみに黒田五十二万石というのは二代忠之のときからである。

豊前熊本藩との確執

長政が筑前に転封となった後、豊前を領したのは細川忠興だった。

忠興は旧黒田領をくわえた豊前八郡二十六万石に、豊後速見・国東二郡六万石を合わせた三十二万石の太守《たいしゅ》となって入封した。このとき忠興は慣習に従い前領地の年貢を新領主に引き渡して中津へ入った。黒田も当然そうしているはずだと

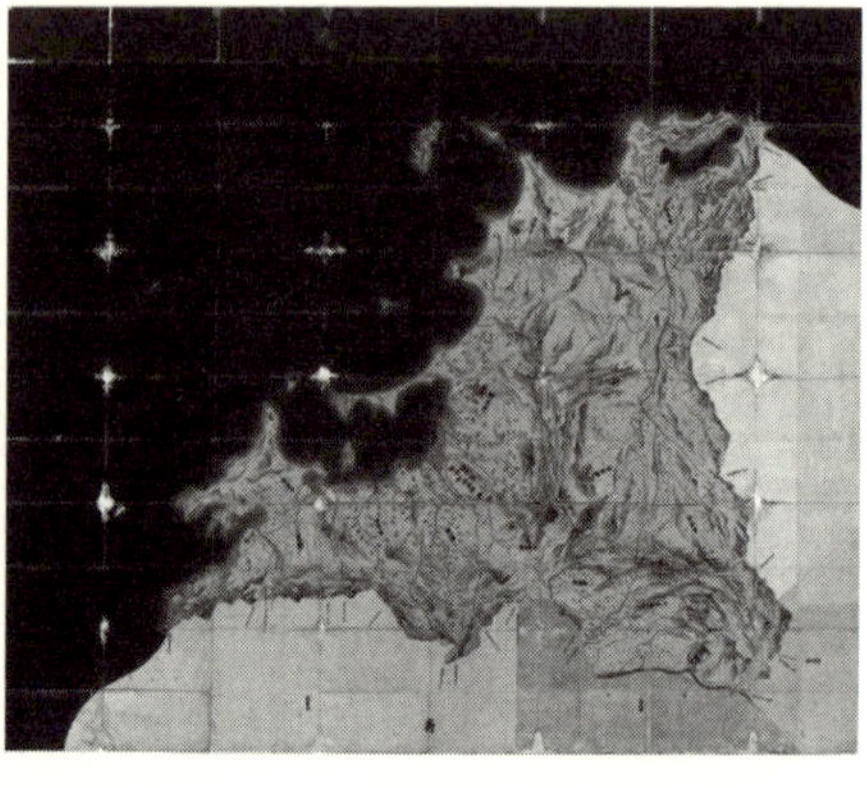

「筑前地図」（福岡市博物館蔵）

細川忠興像
（永青文庫蔵）

思っていたところ、年貢はすべて持ち去られていた。

忠興は、これでは信義に反するどころか、家臣への給米もできないと猛烈に長政に抗議した。ところが長政の回答は、次のごとくであった。

一、収納した五万石は如水の指揮下にあった細川家の領地の分で軍役として領収した。

二、筑前での年貢米は前領主の小早川氏が持ち去ったので、先方が返納すれば当方も返納する。

納得しなかった忠興は軍船を関門海峡に回し、黒田の藩船の積み荷を押さえ、一方では一戦も辞さないとして、その調停を土佐の山内一豊《やまうちかずとよ》に訴え出た。

山内は両家と親しい片桐勝元《かたぎりかつもと》に調停を頼みおいた。

片桐は黒田が収納した五万石のうち、三万石を金銀・米をもって支払い、残りの二万石は片桐・山内が肩代わりすることで収めた。しかし、これでは双方おさまらず、長政は豊前国境に六端城《ろくはじょう》（若松城・三宅家義、黒崎城・井上之房、鷹鳥《たかとり》城・母里友信、松尾城・中間統種、益富《ますとみ》城・後藤基次、麻氏《まで》良《ら》城・栗山利安）を置き、細川への備えとした。唐津藩・佐賀藩・久留米藩との藩境には出城はなく、いかに双方の仲が険悪だったかが分かる。

黒田と細川が幕府の仲介で和解したのは百三十六年後の元文元年（一七三六）、六代継高のときのことであった。

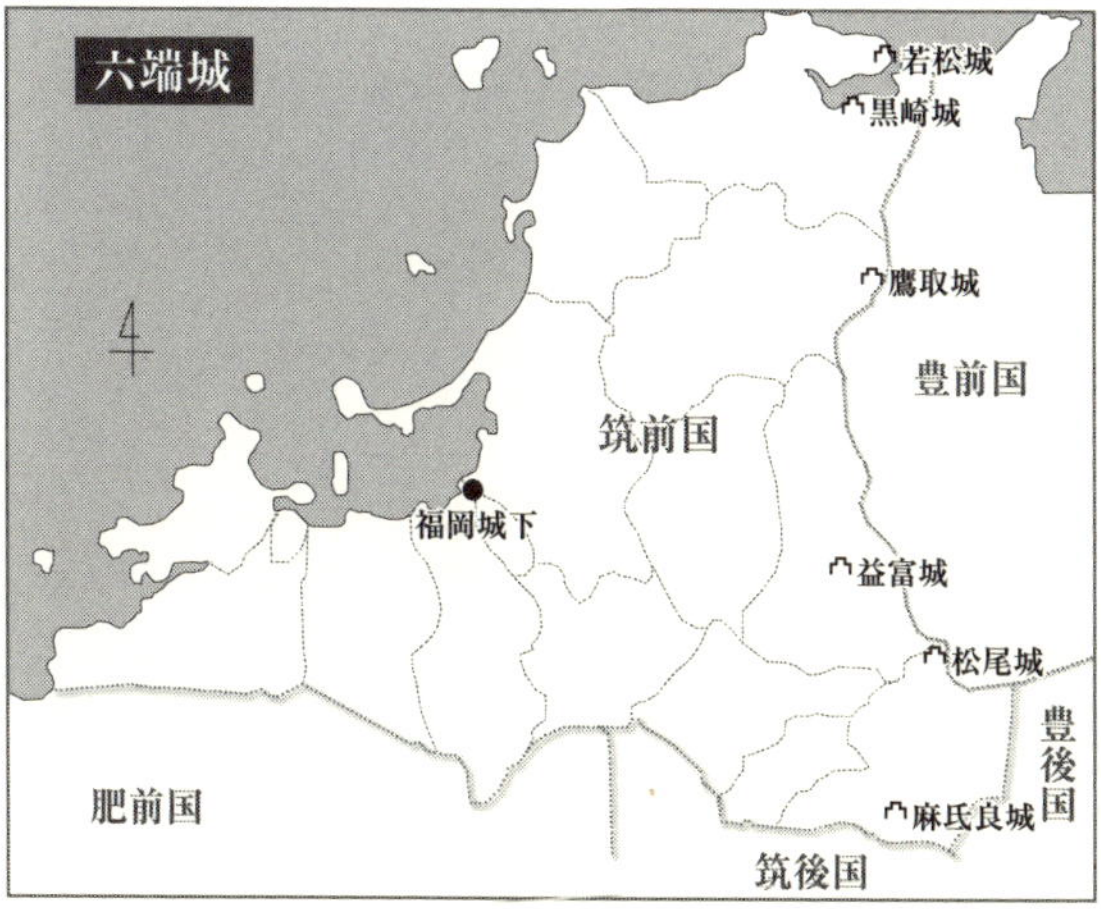

これも福岡

官兵衛・勘解由・如水・孝高

大河ドラマで「軍師官兵衛」とあったことに、福岡の人で奇異に思った方々は多いはずである。なぜなら福岡では黒田如水か孝高であったからである。

如水坐像（崇福寺蔵）

官兵衛とは播磨時代の名で、その後、朝廷から受領した勘解由次官となり、豊前時代は勘解由だった。中津城を建設し、家督を嫡男の吉兵衛長政に譲ってからは如水円清と名乗り、筑前福岡では黒田如水だった（墓碑銘は「黒田勘解由孝高公」となっている）。そのため金子堅太郎や福本日南の伝記もそれぞれ『黒田如水伝』『黒田如水』となって、官兵衛ではない。明治期から戦前に書かれたものは菊池寛、吉川英治、長谷川伸など黒田如水としている。戦後も如水としたのは松本清張・海音寺潮五郎・原田種真など九州出身の作家が多い。

官兵衛の名が登場するのは播磨時代を書いた司馬遼太郎の『播磨灘物語』の昭和四十八年以降で、これから如水ではなく「黒田官兵衛」が多くなる。

こういうわけで播磨地方では如水といっても誰のことだか分からないだろう。

福岡では如水のほかに諱の孝高も県史や市史など史書に多く見られる。

如水の妻の名は光で、晩年は照福院とした。墓碑には「光子」とある。

出典は不明だが妻の名を幸円とした書もあった。この名は連歌にあり、幸円は雅号で名前ではない。また、光を「てる」と読んだ時期もあったが、その後「みつ」とルビを振った文書が菩提寺で発見されて以来、「みつ」としている。

照福院（報土寺蔵）

第二章 黒田・福岡藩の誕生

新たな展望を開く新しい城を築き、福岡と名付ける。

① 黒田氏の筑前入封

播磨の黒田孝高は織田方に与し、信長亡き後、秀吉の傘下となり、その天下取りに功があり、九州豊前中津を秀吉から拝領。秀吉亡き後、徳川家康に与した孝高の子の長政が関ヶ原合戦の功でアジアに開く自由都市博多のある筑前を得て就封した。

黒田氏の由来

黒田家の出身地は諸説あるが、滋賀県長浜市木之本と岡山県瀬戸内市長船《おさふね》町福岡の説がある。有力な木之本説では、黒田氏の祖は第五十九代宇多《うだ》天皇の後胤、近江佐々木源氏の流れをくむ、従五位下近江氏信の孫、左衛門尉太夫判官宗清《むねきよ》といい、近江国伊香郡黒田村（長浜市木之本町）に住んで黒田判官と名乗った。

永正八年（一五一一）、山城国舟岡山の戦いで四代右近高政《たかまさ》が軍令を無視して先駆けしたことが将軍足利義稙《あしかがよしたね》の怒りをかい、高政は難を逃れるために近江を去って、備前国邑久郡福岡村（岡山県瀬戸内市長船町福岡）に移り住んだという。

福岡説は『新訂黒田家譜』に「黒田美濃守職隆は重隆の子也、大永四年（一五二四）庚申の年備前国邑久郡福岡に生まる」「筑前に完成した城下町は、黒田氏

広嶺神社

の発祥の地である備前国邑久郡福岡を偲んで福岡と名づけられ」とあることで、福岡を発祥の地としている。福岡は「福岡一文字」「備前長船」を生んだ刀の産地で、町は活気にあふれた産業都市だったが高政は時流に乗れないままに死去した。その子重隆《しげたか》の代には、一家は流浪しながら日々の食事にも事欠くくらしを強いられた。その重隆が家運挽回のきっかけをつかんだのが、姫路の広嶺山の氏神広嶺神社の御師を通じて目薬の木からつくった家伝の目薬「玲殊膏」を販売するようになってからであるといわれている（『黒田如水伝』）。

「黒田氏が在地領主というよりは、むしろ、土豪的商人」といわれるのはこのためで、別名「目薬大名」といわれた所以である（『福岡県史』）。

黒田氏系図

- 高政《たかまさ》（京極高政改め 黒田高政）
- 重隆《しげたか》
- 職隆《もとたか》
- 孝高《よしたか》（中津藩主 官兵衛孝高 引退後、如水）
- 長政《ながまさ》（福岡藩 初代藩主）
- 忠之《ただゆき》（2代）
- 光之《みつゆき》（3代 直系廃嫡 綱政を養子に）
- 綱政《つなまさ》（4代・養子 父・東蓮寺藩主 黒田長寛（綱政と改名））
- 宣政《のぶまさ》（5代）
- 継高《つぐたか》（6代・養子 父・直方藩主 黒田長清）
- 治之《はるゆき》（7代）
- 治高《はるたか》（8代・養子 父・多度津藩主 京極高慶）
- 斉隆《なりたか》（9代・養子 一橋家当主 徳川治斉）
- 斉清《なりきよ》（10代）
- 長溥《ながひろ》（11代・養子 父・薩摩藩主 島津重豪）
- 長知《ながとも》（12代・養子 父・津藩主 藤堂高猷）

目薬の木

御着城跡

重隆は、目薬販売で得た財力をもとに郎党を養い、着々と力を蓄え、機を窺っていた。当時播磨では三木城の別所氏、御着《ごちゃく》城の小寺氏の勢威が高かった。

亨禄三年（一五三〇）、重隆は御着の小寺加賀守則職《のりもと》に迎えられた。

天文十四年（一五四五）、小寺則職は嫡子政職《まさもと》に家督を譲って、重隆に小寺家譜代の家臣二〇人をつけ、支城姫路城の城代とした。しかし、重隆は御着にあって家老として政務に励み、子の満隆を城代として姫路城を任せた。

満隆に、父の重隆に劣らぬ器量を見た政職は、小寺姓と名前の一字を取って小寺職隆《もとたか》と名乗らせ、明石城主明石正風《まさかぜ》の娘岩《いわ》をめとらせた。

このため黒田家は城主小寺家と縁戚になり、家中においてゆるぎない地位を占めた。満隆改め職隆は政職に諮って姫路城を建て増している。

現在の姫路城は西国将軍とはやされた池田輝政が築いた豪壮華麗な城だが、孝高の頃は、城というより砦とでもいったほどの規模だった。

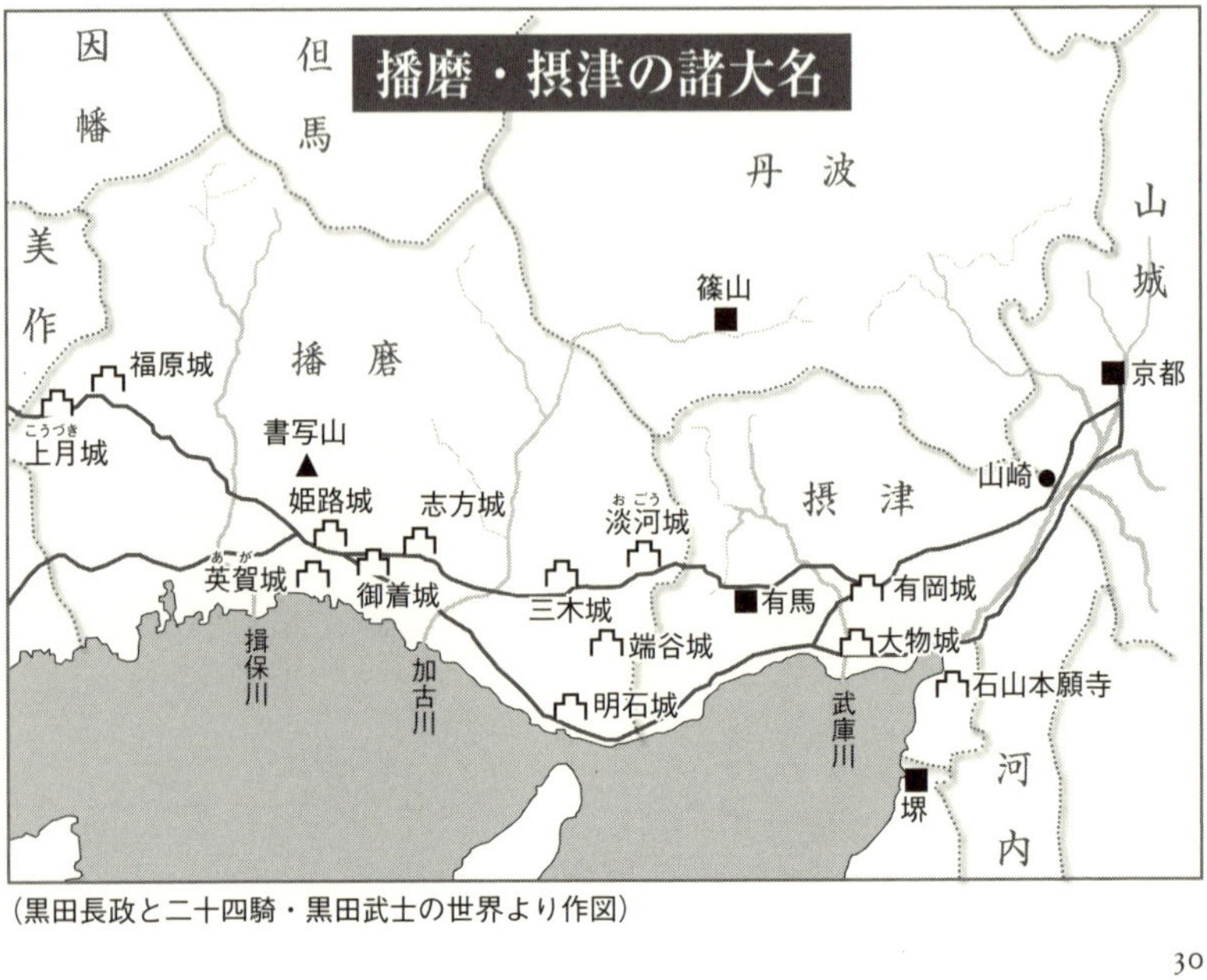

（黒田長政と二十四騎・黒田武士の世界より作図）

黒田家中興の祖黒田官兵衛孝高

戦国大名の中で黒田官兵衛孝高《よしたか》のように、官兵衛、孝高、如水となどと呼ばれている大名はめずらしい。しかも、それぞれの名でよく知られているのである。

これは官兵衛が戦国武将というより「希代の軍師」「キリシタン大名」「歌人」と称されたように、武将としてだけでなく、秀吉の与力（幕僚）、名負うての交渉人、そして連歌をたしなむ歌人として戦国の世で多方面に活躍し人脈を築いたように、いろいろな顔を持っていた知将であったことの証であろう。

黒田官兵衛孝高は天文十五年（一五四六）十一月二十九日、姫路城に生まれた。幼名を万吉といい、歌人として都で著名だった祖父明石正風の薫陶を受けた母岩の教えで、歌もたしなむ、文武両道の教養人として育った（『黒田家譜』）。

十五歳で元服し、黒田官兵衛、諱を孝高と名乗った。官兵衛は学問の師の円満《えんまん》坊《ぼう》に「孫子の兵法」を学んだらしく、天性の知略に兵法が加わり、十七歳の初陣から連戦連勝し、周辺の土豪に「播磨の麒麟児《きりんじ》」と恐れられた。

「孝高（官兵衛）、弓馬の道に長じ、また和歌をたしなむ。十七歳のときより弓矢をとり、常に士卒に先立ちて高名あり」（『寛政重修諸家譜』）。

評判を聞いた御着城主の小寺政職は孝高を禄八十石で召しだした。

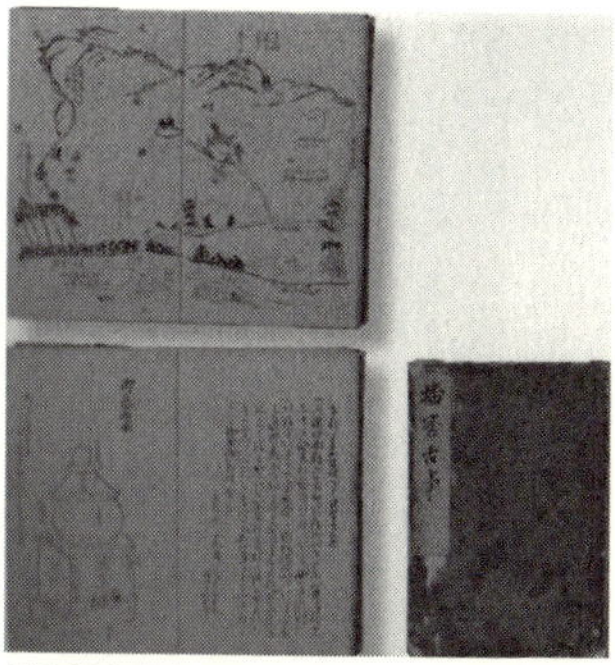

「播磨古事」（福岡市博物館蔵）

黒田如水（福岡市博物館蔵）

永禄十年（一五六七）、孝高二十二歳のとき、政職は櫛橋《くしはし》城主（加古川市）櫛橋伊定の娘光《みつ》（十五歳）を養女としてめあわせ、小寺官兵衛孝高と名乗らせた。

職隆は、これを機に家督を譲って引退し、孝高は若き家老として小寺一門に連なった。翌十一年、嫡子松寿《しょうじゅ》（長政《ながまさ》）をもうけている。

孝高に転機をもたらしたのが、織田信長の中国進出とその先兵の羽柴（豊臣）秀吉と誼を通じたことである。元々武門の出でない秀吉は土豪商人の出の孝高とうまが合った。勇猛な武将が多かった織田軍でただ一人、調略で敵を従えてきた智将秀吉をやはり調略で周辺の土豪を従えてきた孝高も、よく理解できたのである。孝高は秀吉の先兵となって、播磨の土豪を次々に調略し、毛利方の宇喜多直家《うきたなおいえ》を調略するなど秀吉の信頼を勝ち取っていった。

ところが天正六年（一五七八）七月、織田方を離反した別所長治《べっしょながはる》の三木城攻めで苦闘しているときに、こともあろうか信長四天王の一人といわれた摂津の有岡城主荒木村重《あらきむらしげ》が毛利方の調略によって離反した。

三木城攻めの秀吉は、一転して挟撃を受けることになり、苦境に陥った。

十月、孝高は苦境を脱すべく、単騎、村重説得のために有岡城に向かった。

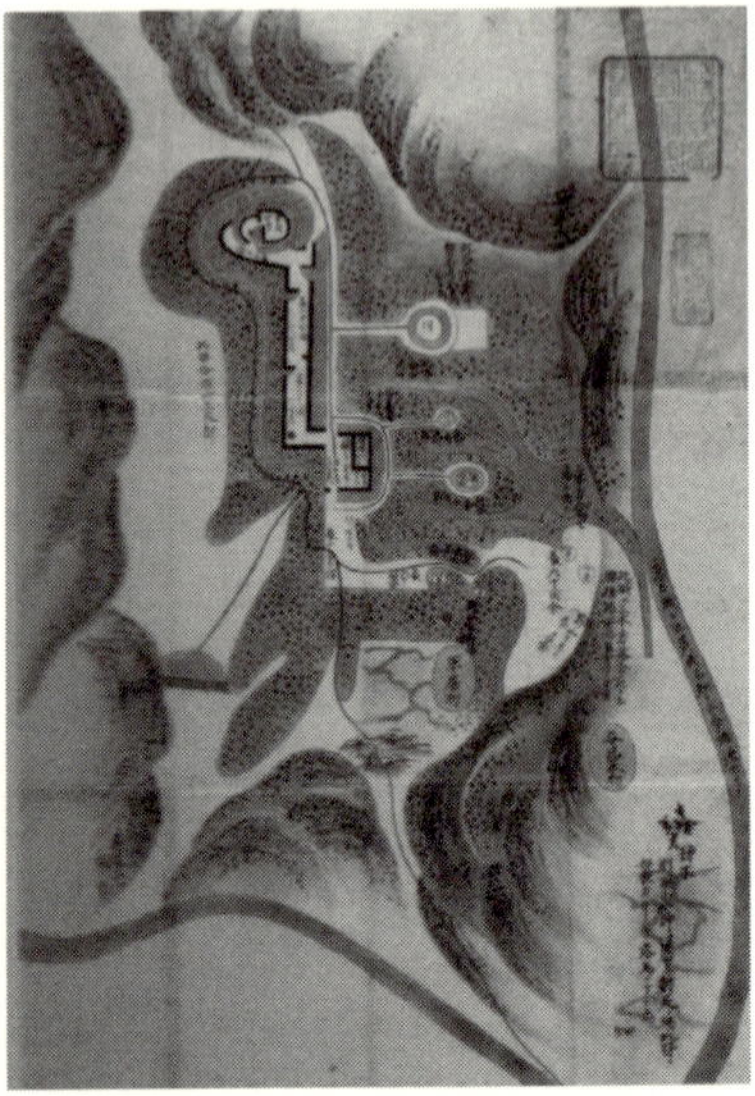
三木城攻めの秀吉本陣
（広島市立中央図書館浅野文庫蔵）

そしてその日から消息を絶った。

有岡城に幽閉された孝高

これは、荒木と秘密裏に盟約して織田方へ謀反を謀った御着城主小寺政職が、中国の覇者毛利方に寝返るべく、ひとり織田方への忠誠を誓う邪魔者の孝高を荒木の力を借りて除こうとしていたのである。そのことを知らない孝高は有岡城で捕らえられ土牢に幽閉された。

突如、消息を絶った孝高に、姫路城で帰りを待つ父の職隆や家臣たちにも、動揺が広がった。消息を絶った孝高を荒木に与して裏切ったと勘違いした信長は激怒、人質に差し出した孝高の嫡子松寿（長政）の処刑を命じている。

しかし、家臣たちは孝高を裏切って城を去ることはなかった。却って奮い立ち、起請文をなして結集した。それから孝高子飼いの栗山善助（利安《としやす》）、母里《もうり》太兵衛（友信）や井上之房は商人に身をやつして、有岡城下に忍び込み、官兵衛の消息を探った。ある日、城下の銀屋《しろがねや》新七が、有岡城の土牢に幽閉されているさむらいがどうも孝高らしいと情報を得てきた。

早速、その夜、牢屋の裏手のため池を泳ぎわたって忍びこんだ善助が、幽閉されている孝高を探り当てた。姫路城は喜びに沸いた。

黒田氏家臣連起請文
（福岡市博物館蔵）

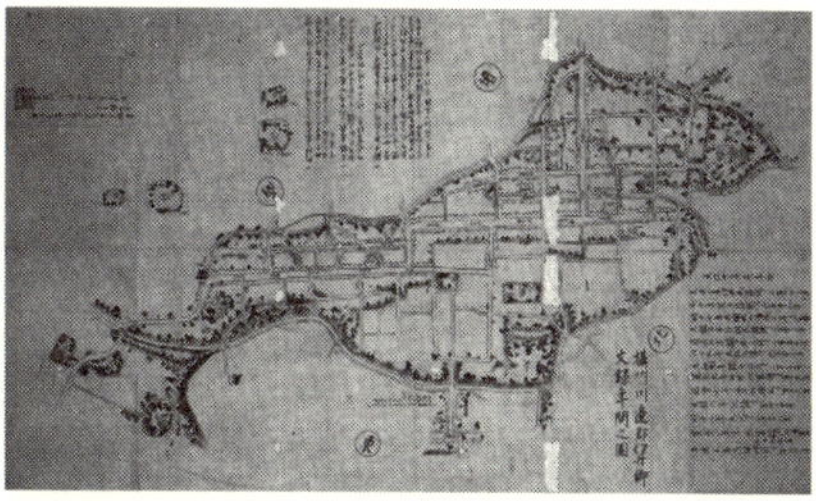

有岡城
（伊丹市博物館蔵）

孝高にもう一つ朗報があった。それは牢番の加藤重徳が、はめられて幽閉された孝高に義憤を感じて、何くれとなく面倒を見てくれたのである。

恩義を感じた孝高は「拙者が無事にここを立ち退けるようになったら、そこもとへのお礼に、子を一人預かって、拙者の子の一人として育てよう」と約束し、その約束に差しだされたのが、のちの黒田一成《かずなり》である。

また、孝高は、土牢の際に咲きみだれ、牢獄ぐらしに慰めを与えてくれた藤の花を黒田の紋章にしている。善助らと音信が成ったものの救出はなかなかできなかった。有岡城は伊丹川の湿地を前に峻険な崖地を要害にした総構《そうがま》えの城で、宣教師のルイス・フロイスが「甚だ壮大にして、みごとな城である」と残したような難攻不落の城でもあった。

くわえて戦争巧者の村重に織田軍は翻弄され、長期戦を強いられた。

織田方は村重方の高槻《たかつき》城、茨木城、大和田城、能勢《のせ》城、三田《さんだ》城を調略で落とし、有岡城を囲むと干殺《ひごろ》し作戦に出た。食料などの調達の道を閉ざされると町ぐるみ取り込んだ籠城者の多い総構えの城は弱い。

天正七年（一五七九）九月二日、村重は密かに単身で尼崎城へ脱出し、十月十九日、織田軍の総攻撃で有岡城は落城した。

善助らは総攻撃とともに土牢に突入、牢壁を破って孝高を救出した。

孝高が囚われて一年後のことだった。幽閉された孝高の姿は無残だった。頭髪

黒田家家紋

は抜け落ち、かさぶたに覆われ、足枷《あしかせ》されて曲がった脚は元には戻らなかった。美丈夫な孝高は見る影もなく、三十三歳にして障害者になった。

善助らは孝高を背負い助けだすと有馬温泉で養生させた。

姫路ではもう一つ喜びがあった。信長から処刑の命を受けた松寿が、竹中半兵衛《たけなかはんべ》の機転で密かにかくまわれ、返されてきたのである。

中国大返しと希代の軍師黒田官兵衛登場

体が癒えた孝高を秀吉は一日千秋の思いで待っていた。秀吉の名参謀であり軍師の竹中半兵衛を病気で失っていたからである。足が不自由で馬に乗れなくなった孝高は、特製の輿《こし》をつくって、秀吉の下に向かった。孝高を迎えた秀吉の帷幕《いばく》は沸きかえった。

秀吉は孝高に宍粟《しそう》郡山崎城一万石（のち三万石）を与え、秀吉旗下の大名となし、秀吉に反旗を翻し滅亡した小寺姓を捨て、旧姓の黒田に戻すよう命じている。

孝高は一年の空白を取り戻すかのように伯耆《ほうき》、但馬《たじま》、備前備後の土豪や国人大名などの調略に活躍し、秀吉の参謀としてゆるぎない信頼を勝ち取っていく。

その孝高の名を高からしめたのが、秀吉の中国大返しである。

天正十年（一五八二）四月二十五日、二年にわたった三木城戦に勝利し、鳥取

竹中半兵衛

高松城水攻め
（岡山県立図書館蔵）

城を干殺しで落とした秀吉軍は毛利へ向けて兵を進め、備中高松城（岡山市）に迫った。

高松城は湿地帯と沼に囲まれ、大軍の運用が難しい要害にある城だった。

孝高はそばを流れる足守川《あしもり》から水を引き、水攻めを進言した。工事には土嚢《どのう》一俵につき一〇〇文と触れまわると、喜んだ農民が続々と土嚢を持ち込み、わずか十九日で長さ二六町（二・八キロ）、高さ七メートルにおよぶ大堤防が完成し、連日の梅雨で、たちまち高松城は水に浮かぶ孤城となった。

ところが六月三日の夜、秀吉方に異変があった。

信長の茶道の師、長谷川宗仁から早飛脚があり、「さる二日の夜、信長が明智光秀によって本能寺で落命した」とあった。秀吉は茫然となった。

このとき孝高は歴史に残る一言で秀吉を激励した。

「いよいよ、殿の御運、開かせたまうときでござる」（『黒田家譜』）

この一言が秀吉を天下取りに向かわせた。

「今日の急務は機先を制するにあり、いまここで逡巡して機先を逃せば、筒井、細川を始めとして、近畿の諸将は明智の旗に投ずるならん。ゆえに明智の軍勢いまだ盛んならざるに先立ち、京に上りて光秀を討たれよ」（『黒田家譜』）

そしてこの進言が「希代の軍師黒田官兵衛孝高」を決定づけた。

決断すると秀吉は果敢だった。

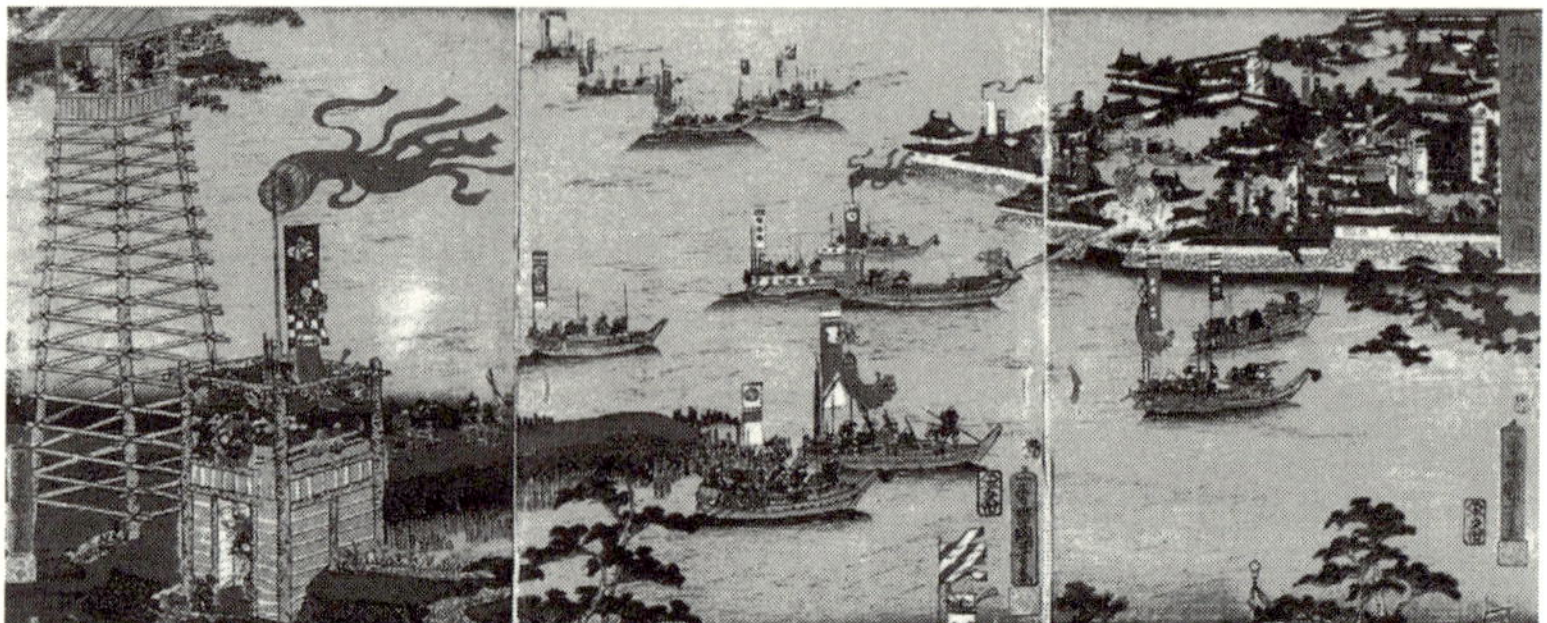

高松城水攻め
（東京都立中央図書館蔵）

「われら万一合戦に敗れて討ち死にせば、母上や妻らを介錯し、城中家一宇も残さず焼き払え」と言い、「もはや籠城の覚悟もないので兵糧もいらぬ」と蔵を開き、金銀や米を残らず家臣や兵に分配させた（『川角太閤記』）。

秀吉にしても「天下分け目の大博打」は、人生最大の「生死を賭けた大博打」だったのである。それから信長遭難の秘事を隠して毛利方との和議を急がせ、高松城主清水宗治の切腹で和議がなると全軍を京都へ取って返させた。歴史に残る中国大返しである。「このとき孝高の才覚にて、姫路へ先に人を遣わし、かゆを多く煮させて、惣軍勢城下を通るとき与えらる」（『黒田家譜』）。

六月十三日、天王山で激突した両軍は一進一退したが、明智軍随一の勇将斎藤利三が乱戦の中で討たれ、明智方は総崩れとなって光秀の三日天下が終わった。

秀吉の天下統一と官兵衛

六月二十七日、柴《しば》田《た》勝家《かついえ》をはじめとする故信長の重臣が集まり、後継ぎを巡って清洲《きよす》会議がもたれた。この中で秀吉は、信長の嫡孫三法師《さんぼうし》を主張し、勝家との対立が顕著になった。勝家は信長の三男信孝、滝川一益《たきがわかずます》と組んで、打倒秀吉を謀った。天正十一年（一五八三）二月、北伊勢で挙兵した滝川討伐に秀吉軍が向かった。三月三日、柴田軍の先鋒佐久間《さくま》盛政《もりまさ》が出陣、四月二十日、大岩山砦で秀吉

豊臣秀吉
（高台寺蔵）

天王山

軍と激突した。佐久間軍の猛攻にあって味方は総崩れ、第五陣に在った孝高は戦死を覚悟し、長政を逃がそうとしたが、長政は「武士は逃ぐというものなきぞ、父君の常なる教えなり」と言ってきかなかった。長政の心を知って父子ともに死を覚悟して守った（『黒田家譜』）。

「佐久間軍動く」を知った秀吉本隊は賤ケ岳《しずがたけ》で佐久間軍を捉えせん滅した。佐久間救出に向かった柴田は、敗戦を知って北庄《きたのしょう》に戻り秀吉を迎え撃ったが、四月二十四日、残った兵とともに北庄に散った。しかし、天下分け目の戦いで孝高が軍師、作戦参謀として活躍することはなかった。この間、一武将として出陣している。秀吉にすれば大軍を率いる戦いの経験がない孝高に天下を決する戦いは任せられなかったのだろう。この後も孝高は秀吉の帷幕にあって、秀吉の補佐や外交役として調略に働き、軍師というより与力（幕僚）として働いた。

六月二日、京都に凱旋した秀吉は大徳寺で信長の一周忌を営み、四日には新しい王城を石山本願寺跡地に定め、その縄張りを孝高に命じた。信長以来一向宗《いっこうしゅう》信徒に苦しめられた秀吉は、その本山の跡地の上に王城（大坂城）を築くことで、一向宗一統の復活を許さない姿勢を示したのである。

大坂城はそれまでにないその壮麗さ、巨大さで全国の大名を圧倒した。

秀吉はこのように諸大名の想像を超える構想力、比類のない資金力、豪華なパフォーマンス、度肝を抜く壮大な仕掛けで圧倒して、歴史上空前絶後の絶大な権

大坂城

大徳寺山門

力を手中にしていく。宿敵徳川家康も天正十四年十月二十七日、大坂城に伺候し、大名の居並ぶ前で、秀吉に臣従の礼を取って忠誠を誓った。

その秀吉に九州豊後の大友宗麟《おおともそうりん》が島津の北上に危機感を抱いて、救援を求めてきた。秀吉は「惣無事令（停戦令）」を発した。

「九州の者ども、私の争いを止め、急ぎ上洛すべし、しからばその本領相異あるべからず。もし違背する者あらば征伐すべし。豊太閤」

ところが、畿内の動静を知らなかった島津義久は、これを一蹴した。

秀吉は九州攻めにあたり、西国事情に明るい孝高に作戦の指揮をとらせた。

「秀吉もまた、官兵衛の任務すこぶる重大なることを知りたれば、官兵衛に対し、

『福岡県史』より作図

九州平治の後は、九州にて二国与うべし」と約している（『故郷物語』）。

また、秀吉は朝廷に奏上して、勘解由次官の官名を孝高に与えた。

これから黒田勘解由孝高となるが、便宜上、孝高でつづけたい。

片手に剣、片手に十字架

ここで『黒田家譜』にはない孝高の意外な顔が歴史に現れる。

実は孝高は、Quambioye dono Simeao（官兵衛殿シメオン）の洗礼名を持った敬虔なキリシタンだったのである。孝高がキリスト教に入信したのは天正十一年（一五八三）のことである。高山右近や小西行長の勧めだった。

黒田陣営の旗印には、中白の黒白の旗とともに、黒字に十字の旗が多数なびいていた。孝高は「片手に剣、片手に十字架」のキリシタン大名だった。

しかし、あからさまになった「キリシタン孝高」は、耶蘇教嫌いの秀吉との間にあつれきを生み、その小さな亀裂は修復できないほど大きくなっていく。

天正十五年三月一日、秀吉が五万の兵を率いて都を発った。

供は畿内・東海・東山・北陸・南海・山陰・山陽の三七カ国から二五万の兵が大地を揺るがすような地響きを立てて九州へ向かった。実はこれに同数ほどの雇い人や農民が兵站を担うために駆り出されているのである。

島津の軍旗
（尚古集成館蔵）

如水サイン

イエズス会日本史

総数およそ六〇万人、これほどの空前絶後な人数を動員できたのは後にも先にも秀吉だけである。これは信長にもできなかった。家康はただ圧倒された。

筑前の島津の先鋒秋月種実は、ここに至っても秀吉のことを何ほどにあらんと見くびって家臣の進言を聞かなかった。しかし、難攻不落といわれた要害の岩屋城をたった一日で落とされ、動揺していたところに地平を埋め尽くす秀吉軍の松明の灯りをみて仰天し、髪を剃って僧体となり、家宝の楢柴の茶器を献じて、秀吉の軍門に下った。秀吉の軍は島津の先兵を蹴散らしながらゆるゆると薩摩に迫った。鹿児島に一〇里まで迫られ、島津家滅亡の絶体絶命に陥った島津義久は僧体となって、秀吉の前にひれ伏し、許しを乞うた。

六月七日、筑前筥崎に凱旋した秀吉は俗に「太閤国割り」といわれる九州国割りを行った。孝高は秀吉の国割りで、豊前八郡のうち、六郡十二万石を与えられている。播磨山崎の三万石からの大抜擢であるが、約束の二国ではない。

秀吉は九州下りにあたって孝高に、九州で二国を与えると確約していたのにである。孝高自身も「予は、この度の戦で成功したならば、関白がその功績によって一国の主に取り立ててくれることをデウスにおいて期待している。予は、その国の住民がすべてキリシタンのみか

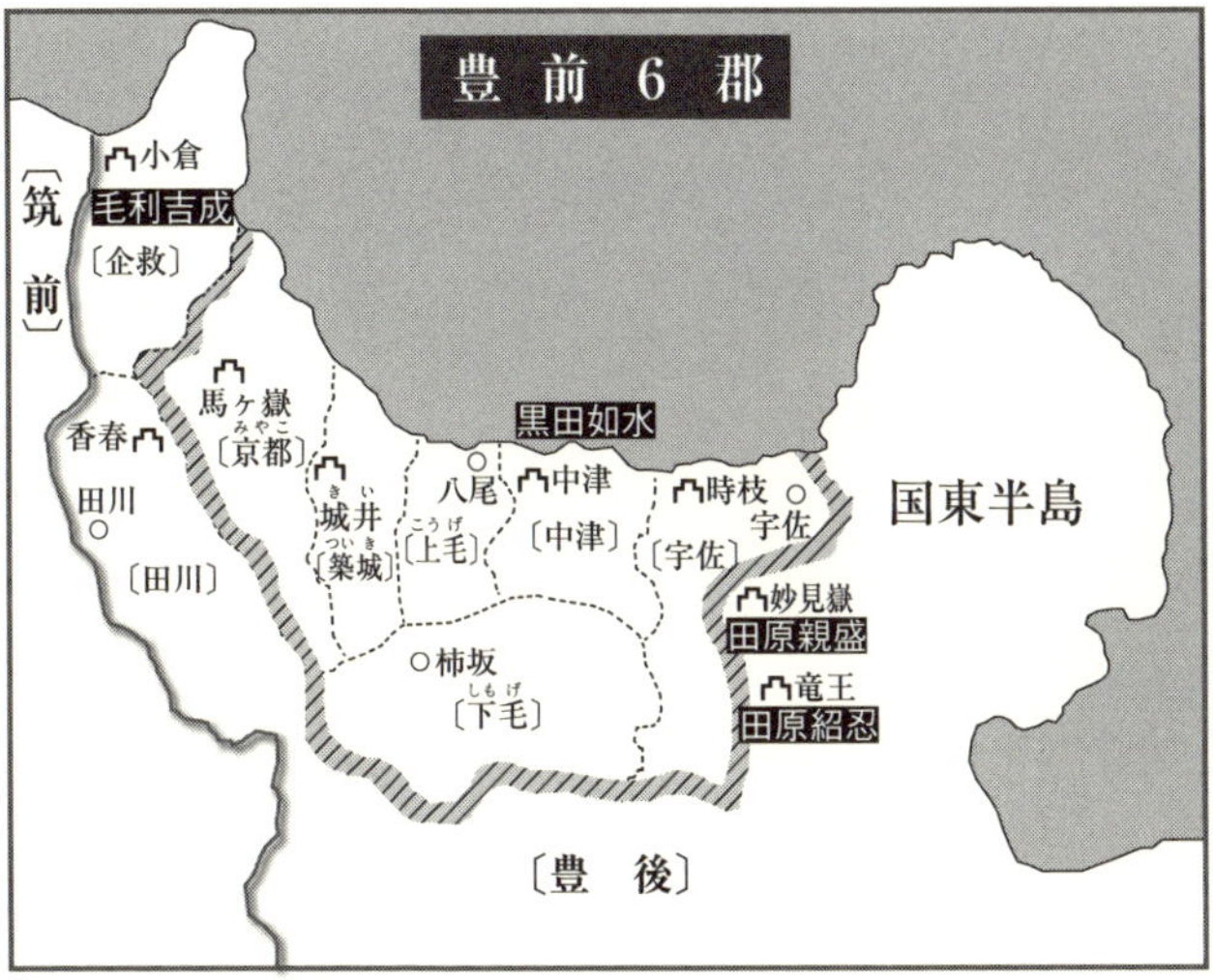

『福岡県史』より作図

黒田氏の筑前入封

らなり立つように定めている」と、キリシタン王国をつくる夢を描いていたのである（『キリシタン研究』）。

『黒田家譜』も「秀吉公、初めより孝高の才智を知って、兄弟の約束をなし、傍らにおいて、その謀りを用い、あるいは代官として敵を討たしめ、終に天下を草創したまうこと、偏に孝高の功なれば、その恩賞莫大なるべきに」と疑問を記している。一説には秀吉が官兵衛の異能を警戒して、大国を与えなかったのだといい、秀吉側近の石田三成の讒言《ざんげん》だったといわれるが、クラッセの『日本教会史』は、施薬院全宗《せやくいんぜんそう》の讒言だったと記している。

施薬院の讒言を受け、秀吉が孝高に「汝はかつて、かの宗門である切支丹を信ぜしに、予の恩賜を失いしたるを忘れたるか」と言い、恩賞が減ったのはキリシタンが理由であるとしていたというのである。

豊前一揆と城井鎮房の謀殺

豊前に入国した孝高は京都《みやこ》郡の馬ヶ嶽城（行橋市）に入り、その後、時枝《ときえだ》城（大分県宇佐市）に入って、施政方針を発した。分かりやすくシンプルなものである。

一、主人、親、夫に背くものは罰す
一、殺人、盗人、強盗をなし、また、企てた者は罰す

▼城井（宇都宮）氏
鎌倉時代に豊前守護職として城井谷城を築いた城井信房。その後城井氏は大内、大友に仕え、鎮房の代に島津に与した。

城井（宇都宮）信房
（宇都宮幹郎氏蔵）

一、隠田、畝違えなどをしたる者は罰す

孝高は秀吉の命もあり、この翌月には検地を始めている。しかし、この検地に反対した土豪たちが一斉に反旗を翻《ひるがえ》した。最初に検地に反乱したのは佐々成政の領する肥後の土豪たちだった。反乱の火の手はたちまち隣の豊前にも燃え移った。転封したばかりで、「豊前入国の頃までは、西国とくと治らず、町人百姓の心大胆不敵にして上を敬うことなし。ご下知を用いず領主を軽しむる心あり」（『黒田家老士物語』）という頃である。

このとき孝高は肥後の一揆鎮圧のために筑後久留米《くるめ》で小早川隆景と作戦会議をもっていた。豊前の土豪の反乱を知った孝高は隆景に断って、急ぎ取って返し、反乱した土豪たちの鎮圧に向かった。

豊前では、山田・仲間・如法寺・野仲・城井《きい》★（宇都宮）・犬丸・賀来・福島・緒方らの土豪が申し合わせたかのように一斉に蜂起したのである。

危惧した秀吉は毛利輝元に一揆鎮圧を命じている。実際わずかな手勢の黒田勢では鎮圧はできなかった。毛利の援けで豊前の一揆鎮圧がなったのは十二月だった。反乱に対しては調略なしで、討ち果たしている。

その中で城井鎮房《しげふさ》は秀吉の国替えを拒否し、新領主の黒田家にも従わず、小倉の森（毛利）吉成の領地に寄寓していたが、豊前一揆の混乱に乗じ領地を奪還し

城井谷
（豊前市教育委員会提供）

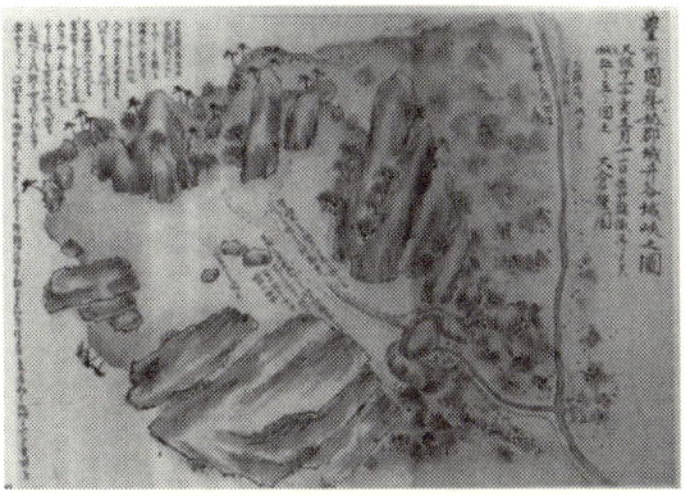
城井谷城
（国立公文書館蔵）

ていた。

領地の城井谷《きいだに》（築上町）は要害で、鎮房は戦争巧者だった。長政が孝高の留守に攻撃したが、却って打ち払われる始末だった。しかし、天正十五年（一五八七）十二月二十四日、豊前一揆が鎮圧されると鎮房は降伏したものの面従復背だった。城井谷は城井家十八代、四百年にわたり領主で、鎮房は領民に慕われていた。領民が鎮房についていては孝高の新領地での統治は難しい。

つまり、鎮房は何が何でも孝高にとっては滅ぼさなければならない相手だった。

翌十六年四月十八日、鎮房は中津城の完成祝いにという名目でおびき出され殺された。このとき鎮房の家来が市内の合元寺《ごうがんじ》に立て籠って討たれたが、そのとき飛び散った血がいくら消しても浮かび上がることから、合元寺の壁は真っ赤に塗られ、赤寺と呼ばれるようになったのだという。

家督を長政に譲って如水と名乗る

孝高は領内を平定すると、豊前の中心地で、高瀬川（山国川）河口の海陸の交通の要地の中津に新城を築いた。それとともに長政に家督を譲って引退することにした。孝高四十四歳、父の職隆が家督を孝高に譲った歳になっていた。祖父の重隆も父の職隆も、この歳で家督を譲っている。

赤壁・合元寺

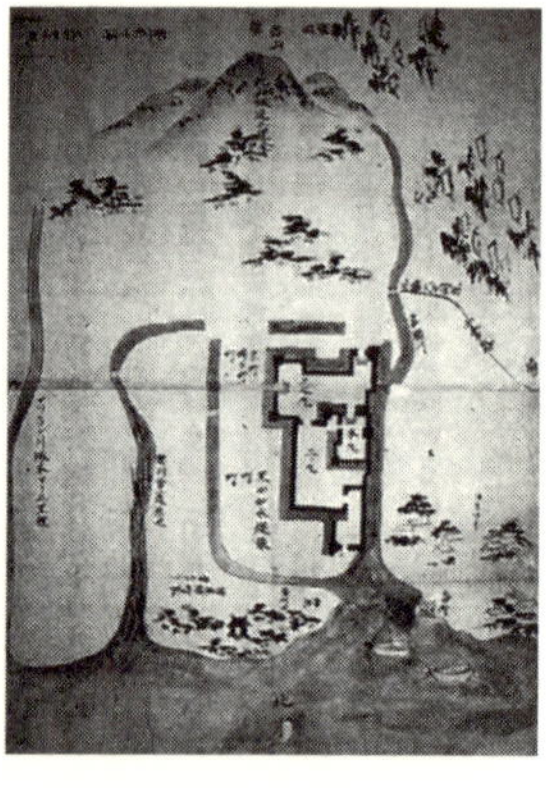

中津城縄張り図
（中津市教育委員会蔵）

この隠居には逸話がある。上洛して猪熊《いのくま》の屋敷にいた孝高を秀吉のお伽衆の山名禅高が訪れて、秀吉から「次の天下を狙う者は徳川でなく、黒田なり」と言われたと告げた。また、他のお伽衆にも次のように告げていた。

「世に恐ろしき者は徳川と黒田なり、しかれども徳川は温和なる人なり。ところが黒田の瘡天窓《かさあたま》は何とも心許しがたきものなり」（『故郷物語』）

孝高は身震いした。そして翌日、秀吉に面通りを願って退隠を懇願した。

引退と同時に如水円清と名乗った。これから如水と呼ぶ。しかし、如水といっても僧籍ではない。天正十三年（一五八五）にシメオンと洗礼名をうけたキリシタンである。

如水も『旧約聖書』のJoshuaから名付けたものだといわれる。如水が引退したといっても秀吉の帷幕から退いたわけではない。秀吉が如水を疎むときがあっても、如水の能力に勝る者はいなかったからである。

秀吉の北条攻めでも、如水の調略力がいかんなく発揮された。

秀吉に対峙する大名は、残るところ小田原の名門北条氏政《うじまさ》だけだった。氏政はここに至っても、時代が秀吉の天下となったことに気づかなかった。

天正十八年三月一日、秀吉は二二万の大軍を率いて、北条征伐に向かった。四月二日、箱根湯本に陣を敷いた秀吉は、北条氏の支城を次々と落としていった。小田原城は総延長九キロの堀と土塁《どるい》に囲まれた総構えの城である。二年分の兵糧

中津城

を持ち込んだ秀吉は小田原城を見下ろす所に、石垣山一夜城と呼ばれた新城を築き、干殺《ひごろ》しにすべくゆるゆると攻めた。これでは籠城側はたまらない。次第に戦意も失せ、厭戦気分が蔓延した。

頃は良しと見た如水は、子飼いの井上之房の弟が、氏政の息子の氏直《うじなお》の家臣であることを知って矢文を射かけ、之房の弟を通じて氏直に氏政への交渉を働き掛け、降伏を誘った。七月五日、氏政は如水の説得を受け入れて切腹し、城を開いた（『黒田家譜』）。このとき、氏政は如水に北条家の家宝である日光一文字の刀、「北条白貝」（『吾妻鑑』）を贈っている。

文禄の役と慶長の役

秀吉が唐入り構想を抱いたのは天正十三年（一五八五）のことである。宣教師が出入りした信長の帷幕にあって、西洋諸国が世界に開き通商を求めるとともに、アジアの諸国を植民地化していることに関心を抱き、秀吉も唐を新たな領地にしようとしたのである。天正十八年十一月七日、朝鮮の使節と会見した秀吉は、使節に、朝鮮が唐入りの嚮導《きょうどう》をするよう求めている。

肥前名護屋にその前線基地を置くことも、早くから決めていたようだ。確かに名護屋城のあった波戸岬はリアス式の水深の深い入江と、岬から加唐《かから》島、壱岐《いき》島、

肥前名護屋城図屏風
（佐賀県立名護屋城博物館蔵）

対馬《つしま》と島伝いで、対馬から朝鮮まで四〇キロほどの好立地である。

如水は名護屋城の縄張りを命じられた。

大坂城に次ぐという巨大な名護屋城の建設は天正十九年十月十日に着工し、翌年四月にはほぼ完成したという。建設したのは名護屋城だけではない。半島一帯に徳川をはじめ諸大名の陣屋が二〇〇ほど並び、城下には進駐した兵を相手の土産物屋、飲食店、日用品から武器商人、果ては兵士相手の遊女を抱えた紅灯の店が建ち並び、京都に匹敵する人口一六万余の大消費都市になった。

文禄の役が始まったのは文禄元年(天正二十年、一五九二)四月である。第一陣から九陣まで一五万八八〇〇人の兵士が朝鮮へ出陣した。

このとき黒田藩が用意した軍船だけで五一三隻だといわれている。

文禄の役の当初は無人の荒野を行くがごとく快進撃だった。

またたく間にソウルを制覇し、テドン川を越え、ピョンヤンも攻略、北進した加藤清正など、ウオンサンからハムフンを越え、現在の中朝国境まで至っている。

それにしても日本軍の侵略はひどすぎた。日本での戦争をそのまま持ち込んだのである。日本での功名はいくつ首を獲ったかである。行く先々で殺した者の首を獲り、果ては首の代わりに鼻や耳をそいだ。手柄は数を競うために、兵士だけではなく、戦闘員ではない老人から女子どもまで鼻や耳をそいだのである。抵抗する者は見せしめのために「はたもの(磔)」にかけた。村落皆殺しなど当たり前

軍船の出港

京都に残る文禄・慶長の役でそがれた鼻や耳を埋めた耳塚

だった。日本軍の残虐性は目を覆うばかりだった。

軍監として朝鮮に渡った如水は朝鮮の惨状を嘆いている（『黒田如水伝』）。

「わが軍の過ぎるところ残虐の至らざるところなし。これをもって韓民みな恐れて、山林に逃避し、慶尚・忠清・京畿の三道のごときも、わが軍これを占領するといえども、いまや荒廃の地と化し、徴発すべき五穀もなく、また、軍用すべき人夫もなし。このごとき朝鮮を占領したりとて、何の効用もなさざりき」

しかし、朝鮮王の救援依頼を受けた明軍が参戦すると戦況は一変した。元々、水軍は朝鮮が強かったが、明軍は兵士も馬体も大きく、日本兵を圧倒した。くわえて零下二〇度にもなる半島の冬は、日本軍を弱らせた。

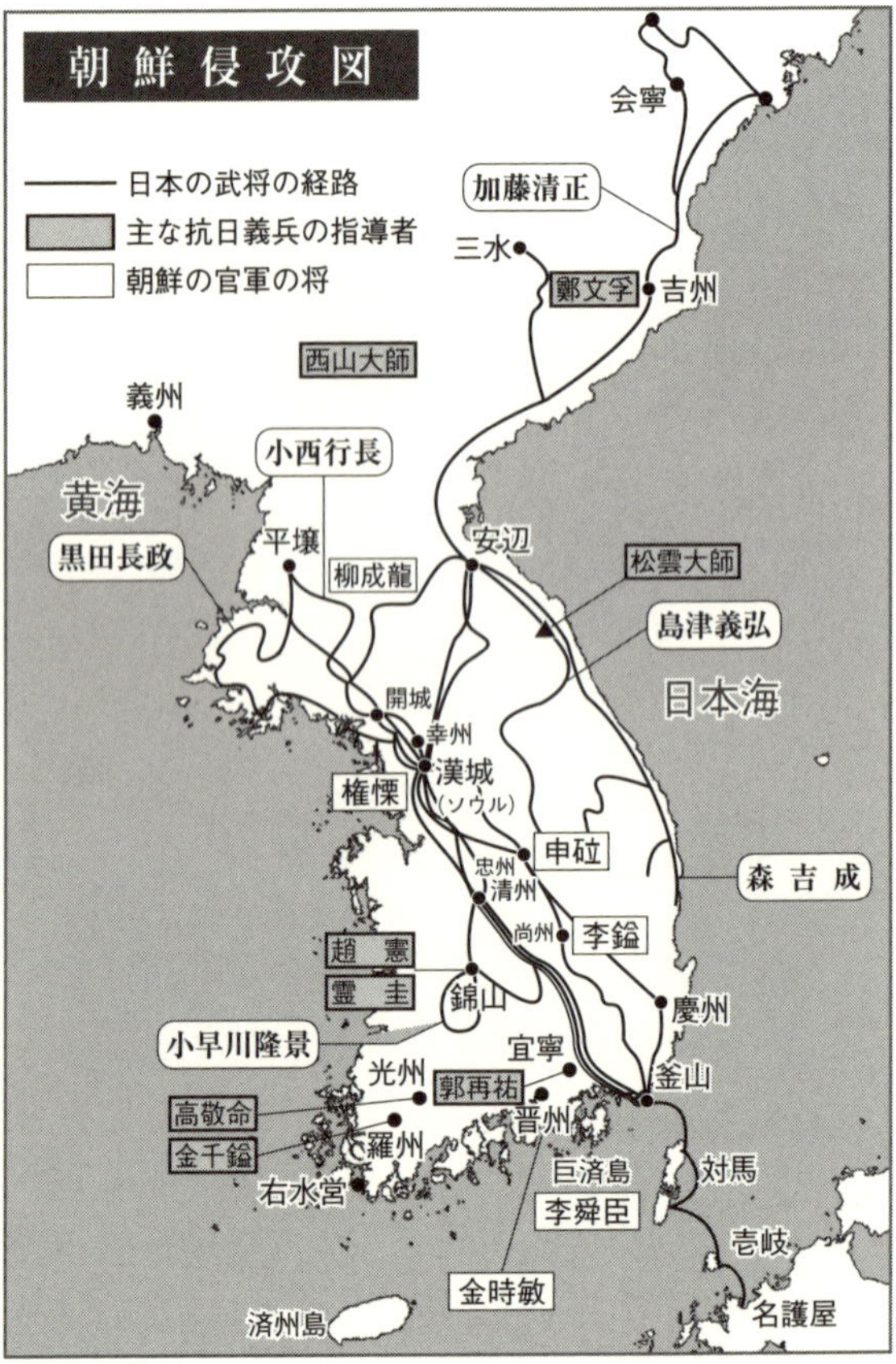

「時期厳寒期に入り、城兵日夜風雪を冒して奮闘したれば、凍傷にかかりて、手足の指を失い、城内の糧食を喰い尽し、愛馬を殺してその血をすすり、その肉

を喰らいて生命を保つのみ」（『黒田家譜』）

「気候風土を異にした、まだ見ぬ異国の長期戦に疲れ果てた兵士の士気は見るも哀れであって、本国からの軍糧は朝鮮海軍に制圧されて意のごとくならず、孤立無援の窮地にあった。終に戦意を失って逃亡する者が続出したことも事実であった。戦線、とくに南鮮各地の仏教寺院に放置された死体は、弔う人もなく鬼哭《きこく》啾々《しゅうしゅう》の惨状を呈した」（山口正之『朝鮮西教史』）

文禄・慶長の役で朝鮮に出征した三〇万人のうち、五万人が死亡した。しかも戦闘で戦死した者はわずかであり、大部分の者は慣れない異国での戦争による、労苦・飢餓・凍死・疫病などによるものだった。

この無益な戦争の終焉《しゅうえん》は秀吉の死まで続いた。そしてこれが栄華を誇った豊臣政権崩壊の引き金となった。この戦争で莫大な戦費を費やした明国でも財政が破綻し、明帝は満州で興った清朝に滅ぼされている。

関ヶ原合戦と新たな天下人徳川家康

慶長三年（一五九八）八月十八日、秀吉が逝った。

つゆと落ち　つゆと消えにし　わが身かな

南江のほとりの晋州城では両軍の死闘がくりかえされた（晋州城管理課提供）

難波のことも　ゆめのまたゆめ　　秀吉

秀吉から後見を託された徳川家康は、五大老と諮って朝鮮からの撤退を決めた。このまま続けても大義なき戦争は何の益ももたらさないと断じたのである。

文禄・慶長の役は、秀吉恩顧の大名に亀裂を生んだ。石田三成ら連絡役の奉行と加藤清正ら前線の武将との朝鮮でのあつれきが深刻な亀裂を与えたのである。

その上、石田が大坂城の秀頼とその母の淀殿を担げば、清正らは秀吉の正室北政所を頼った。如水もその一人だった。如水は豊臣政権をこう談じていた。

「豊臣の天下は、その人に存して、その家にあらず、ゆえにその人死せば、天下その家より去ること、これ自然の勢いなり」（『黒田家譜』）

情報を駆使して戦国をのし上がってきた如水は、秀吉が亡くなる前から、ポスト秀吉を見据えて、次代への水面下の動きを活発化させていた。

それにしてもこの頃の大名たちの行動力には圧倒されるばかりである。体の不自由な如水にしてからが、九州中津と京・大坂の間を頻繁に行き来している。しかも新幹線も飛行機も高速バスもない時代のことなのである。それでも再び動乱の様相を見せてきた時代を見切るためには畿内の政治情報は欠かせなかった。情報こそが戦国を生き抜く最大の武器なのである。

慶長五年（一六〇〇）の動乱の幕開けは石田三成が切って落とした。秀吉没後

徳川家康
（大阪城天守閣蔵）

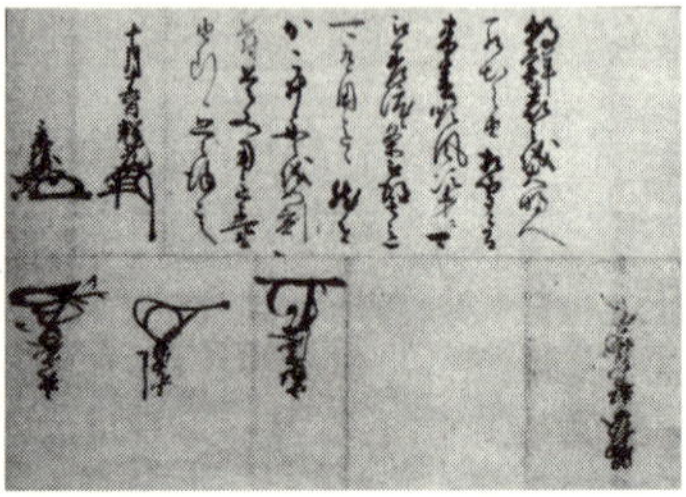

五大老花押

の家康の台頭に危機感を募らせた石田らは会津の上杉景勝らとともに秀吉恩顧の諸大名に呼びかけ打倒家康を誓っていた。

　家康は五大老の一人上杉景勝の上京を促していたが、景勝はその命令を無視していた。再三の命令を無視された家康は、他の大老に諮り、景勝謀叛として六月十日、征討軍を自ら率いた。これは家康の賭けでもあった。家康の思惑通り、上杉と共闘していた石田が家康の留守を狙って挙兵した。

　天下は騒然となった。石田方に与した大名は中国、九州が多かった。

　このとき長政は家康軍に従っていた。実はこの四日前、長政は十六年連れ添った妻を離縁して、六月六日、家康の養女栄姫（十六歳）をめとっていたのである。ポスト秀吉を見据えた露骨な政略結婚だった。

　如水は中津へ帰国していた。しかも、油断なく、大坂藩邸には老練な家老栗山善助改め利安を留守居として置き、大坂・備後鞆《とも》の浦《うら》・周防上の関に早舟をおいて、絶えず情報を送らせるように手配した。都で起きたことを三日後には中津で入手できたという。その如水へ石田方が挙兵したという情報が大坂の利安から届けられた。如水は狂喜した。一方で、石田が藩邸にいる諸大名の妻子を人質に取っていることが知らされ、細川忠興《ただおき》の妻ガラシャが捕り手を拒否して自害するという悲劇も起きていた。しかし、黒田家に対する人質の件は利安の機転で避けられ、妻の光と嫁の栄姫は無事中津に戻ることができた。

大阪城

石田三成
（長浜城歴史博物館蔵）

如水は石田の挙兵を聞くと直ちに老臣を集め、畿内の風雲を告げて、戦支度を発した。老臣の井上之房が、戦をしようにも国許には兵がいないと嘆くと、蔵を開いて有り金をすべてバラまいて兵を集めよと叫んだ。たちまち三六〇〇ばかりの兵が集まった。福岡藩で、のちに古譜代といわれるつわものぞろいだった。黒田如水五十六歳、キリシタン王国建設のため、最後の聖戦に挑んだ。

如水は九州を平定して、長政には上方で別家を立てさせるつもりだった。

豊後はおろか、ここで一挙に九州を制覇して見せてくれると野望が湧いた。

こうして如水の快進撃が始まった。石田方の大友義統を石垣原で破り、豊後はおろか、北九州、筑前、筑後まで平定したのである。しかし、日向まで進出し、薩摩に攻め入る手前で、如水の夢は破れた。徳川と石田側のせめぎ合いで半年はこの国は揺れると目論んでいた動乱のプロローグであるはずの関ヶ原の合戦が、なんとたった一日で石田方が敗れ、決着がついてしまったのである。

如水の九州におけるキリシタン王国建設の夢は破れ去った。

豊臣政権随一の実力者となった徳川家康はすでに天下人だった。

関ヶ原合戦後、戦後処置を果敢に行った家康は、石田方の小早川秀秋を土壇場で寝返らせた大功の褒賞として黒田長政に筑前三十万石（再検地後五十万石）を与えたが、九州の反乱を治めた如水に恩賞を与えなかった。

近侍の武将がそのことを問うと、家康は不快そうに言いすてた。

-原合戦図屛風」（黒田長政の陣）
]市博物館蔵）

「石垣原戦地之図」
（国立公文書館蔵）

「如水が働きは底知れぬことなれば、長政のみ恩賞してよきぞ」

如水の鮮やかな九州狩りを家康は不気味に思ったのである（『武功雑記』）。

如水も家康の魂胆に、秀吉が、二国とした恩賞を与えなかったときのことを重ねた。家康の如水への警戒心を感じたのである。

家康はそれでも如水に上洛を促して、上洛した如水に「上方にて領地を与える」と言ったが、如水は固辞した。そして恩賞を忘れたかのように京都猪熊の屋敷で、連日、連歌に興じた。家康の執拗な警戒心を解くためだった。

臣下百姓の罰恐るべし

長政は新領地を故郷にちなんで「福岡」と名付け、新たな城と城下町を開いた（『新訂黒田家譜』）。しかし、新たな城の建設と長大な堀の工事、くわえて城下町の建設の夫役徴発に駆り出された農民は耕作がおろそかになり、農地は荒れ、くらしがたちゆかなくなった農民の佐賀領や小倉領への逃散が相次いだ。

長政はこれを知って、年貢を三公七民としたが、それでも年貢は予定通り得られなかった。また、逃散した農民も戻らなかった。

長政が五十万石を標榜しても年貢が得られなければ藩政は成り立たない。如水もこれには頭を悩ませていたようで、長政に藩主としての心得を諭した。

「関ヶ原合戦図屛風」（石田三成の陣）（福岡市博物館蔵）

福岡城天守復元ＣＧ（福岡市提供）

「神の罰より主君の罰、恐るべし、主君の罰より臣下百姓の罰恐るべし。そのゆえは、神の罰は祈ってまぬがるべし、主君の罰は詫び言をもって謝すべし。ただ、臣下百姓にうとまれては、必ず国家を失うゆえ、祈っても詫びごとしても、その罰まぬがれがたし。ゆえに臣下万民の罰はもっとも恐るべし」

これは築城や城下町の建設の夫役に駆り出され、その犠牲になった民の疲弊を思い、ともすれば権威の確立や大国の藩主として見栄や華美に走りがちな長政を戒め、藩主自ら範を垂れよと諭したのである。

歴史に消された如水の葬儀の謎

慶長八年（一六〇三）九月上洛した如水は、十月に入って病を得て、有馬温泉で養生した。ところが翌年二月になると病状が急変、知らせを受けた長政は、家老の栗山利安を伴い上京し、旅装もとかずに藩邸で如水の看護にあたった。

三月に入ると死期を覚ったらしく、長政を枕元に呼び寄せて遺言を授けた。

「わが死期は二十日の辰の刻ならん。われ死なば葬礼を厚くすべからず。ただ国を治め、民を安んずることがわが志なれば、これをもって死後の孝養とすべし」

それから利安を呼び、如水が愛用した合子形《ごうすなり》の兜を利安に与えた。

白檀塗合子形兜
（もりおか歴史文化館蔵）

「利安は今日以降、この兜をわれと思え、われの死去後は長政を頼む。長政は利安のことをわれと思い、利安が諫言に背くべからず」

長政と利安は涙ながらに「つつしんで遺命を尊奉せん」と誓いあった。

「慶長九年三月二十日辰の刻、如水は予言した時刻に達したれば、辞世の句を口吟し、その声まだ絶えざるに端然として逝去せり」

おもひおく言の葉なくて　つゐに行
　道はまよハし　なるにまかせて

如水辞世の短冊

『黒田家譜』に「慶長九年三月廿日、於伏見屋敷病死、歳五十九、法名龍光院如水円清、筑前国那珂郡博多松原崇福寺に葬」とある。しかし、全国に知られた武将で、「福岡五十万石」の祖の葬儀としては、あまりにも簡潔な表記である。これには公に残せない如水の秘事があった。

如水の葬儀はキリシタンとして教会で行われていたのである（『黒田如水』）。荘厳な教会葬に感動した長政は、この後本格的な教会建築を許した。

如水の三回忌に完成した教会は、内部は二列の柱によって幅の広い身廊と両側のややせまい側廊に分かれ、正面には祭壇が設けられ、ローマのサンタマリア・

崇福寺山門

聖アンナと聖母子

マジョーレ大聖堂の聖母子画の写しが安置されていた。

　ここで合唱隊が讃美歌をささげ、荘厳に三回忌が営まれていたのである。

　幕府も、このときは亡き父の記念碑という長政の思いを容認した。ところが慶長十八年正月三日、江戸に赴いた長政は、家康と秀忠、そして老中から博多の教会の閉鎖を申し渡された。

　二月二十五日、キリシタンのイルマン旧沢と京都妙覚寺の日蓮僧唯心日忠が対決し、宗論を行いキリスト教側が敗れた。これを「石城問答」という。

　長政はこれを経てキリシタン禁止に傾き、教会を破壊し、信徒であった叔父の黒田惣右衛門ミゲルを秋月に移した。その上で教会跡地を日忠に与え、日忠は勝立寺を創建した。那珂川の西中島橋の傍らにある勝立寺がそうである。

「時代の流れを先見し、領国支配体制の確立を急ぐ長政にとって、何より急務となったのは、せっかくつかんだ大名の地位を守ることであった。従って中央政権が禁止した宗教を領国内に広めることは到底許されなかったのである」

『物語福岡藩史』は、長政の苦悩をこう記している。

黒田家に残るキリスト教のテーマが隠された屏風　泰西風俗図屏風
（福岡市博物館蔵）

これも福岡

二十四騎がまねた如水の肖像画

戦国武将でありながら如水は甲冑姿の肖像画を残さなかった。残された肖像画は、いずれも脇息にもたれ、片膝をたてたくつろいだ様子で描かれている。

これは有岡城幽閉で足が不自由になって、正座ができなかった姿だとされるが、一般的には、そうであっても後世に残す肖像画は正座で残すはずである。これにはモデルがあって、歌人だった如水が崇拝した柿本人麻呂の肖像画に倣ったのだろうといわれている。ところがこの肖像画が長政や家臣にも人気で、多くの家臣が如水に倣った肖像画を残している。

長政をはじめ芸術文化に無粋な家臣が多かったが、それだけに文武を兼ねた知将黒田如水にあこがれたのだろう。

黒田長政（崇福寺蔵）

黒田忠之（福岡市博物館蔵）

栗山大膳（円清寺蔵）

黒田如水像（円清寺蔵）

井上之房（龍昌寺蔵）

母里太兵衛友信（個人蔵）

柿本人麻呂（京都国立博物館蔵）

これも福岡

鴻臚館《こうろかん》・福岡城バーチャル時空散歩

城跡にかざすだけで当時の情景が映像で見られるタブレット

福岡市が福岡城の観光客用に提供している映像タブレットが優れものである。

城跡の各場所でタブレットをかざすと往時の城の情景がリアルなCGで表され、天守跡では天守から眺める福岡城下やその先の博多湾まで画面に現れ。まるで戦国の往時にタイムスリップした感覚が味わえる。タブレット付のガイドツアーは一〇名以上の申し込みで、七日前の予約が必要。

申し込みは福岡城内の「福岡城むかし探訪館」となっている。

福岡城天守復元ＣＧ。多聞櫓付近から（福岡市提供）

福岡城天守復元ＣＧ。天守からの眺望（福岡市提供）

②福岡城と城下町の形成

前藩主の小早川隆景が築いた名島城は要害堅固ではあったが、城下町にする後背地が狭く移転を迫られた。藩主長政は父の如水と相談の上、博多津に近い那珂郡警固村の福崎に新たな城を築いて福岡と名付けた。福岡と博多という全国でも珍しい双子都市となった。

福岡城の築城

慶長五年（一六〇〇）十二月十一日、黒田長政は関ヶ原の功績で、徳川家康から筑前一国を与えられ、小早川氏が築城した名島城に移った。

中津からは追いかけるように家族が陸路海路を経て名島にやってきた。国替えの場合、家臣・家族・一族郎党ともども国替えとなり、単身赴任はないのである。播磨から豊前へ、そしてこんどは筑前である。初めての土地に不安と夢をいだきながら、衣服はもちろん、家具、日用品から炊事道具まで背に負い、牛や馬の背に載せて、まさに民族移動ともいえる大移動だった。

『新訂黒田家譜・長政記』には「筑前御討ち入り」として「中津に在し家人もみな追々筑前に移る。豊前京都郡と田川郡の境なる七曲嶺を越え、嘉麻・穂波を

荒戸山から福岡城（福岡市博物館蔵）

へて名島・博多津にいたる者あり、あるいは船に乗り、赤間関・芦屋洋をすぎてくる者多し、妻子、家財の多くは船に乗せ来る」とある。

名島には商人や職人、果ては僧侶までが如水を慕って越してきた。しかし、名島城は後背地が狭く城下町づくりには適していなかった。九州一の商業都市博多にも遠かった。長政は新しい城を築くべく、博多に近い用地の選定にかかり、警固村の入り江の福崎に新城を設けることにした。

「慶長六年（一六〇一）より町立てと町人の居住、寺々の建設が始まり、同七年には福岡城が、同八年には福岡の外郭の構《かまえ》が完成した」（『福岡県史』）。同十三年には城下町ができた。

新しい城下は先祖の地にちなんで「福岡」と名付けた。

「あたかも福岡城の地勢たるや、北は玄界灘に面して博多湾を控え、その湾口には残の島、志賀の島および海の中道ありて、北海の激浪を防ぎ、はるかに天涯を望めば、水天一碧のあいだに新羅・高麗の雲が浮かぶがごとき感あり」

総面積二四万坪、内城八万坪、二の丸五千坪、三の丸七万坪で、その地形が両翼を広げた鶴の姿を思わせ別名「舞鶴《まいづる》城」と呼ばれた。

従来、天守はなかったといわれてきたが、如水が縄張りした城には

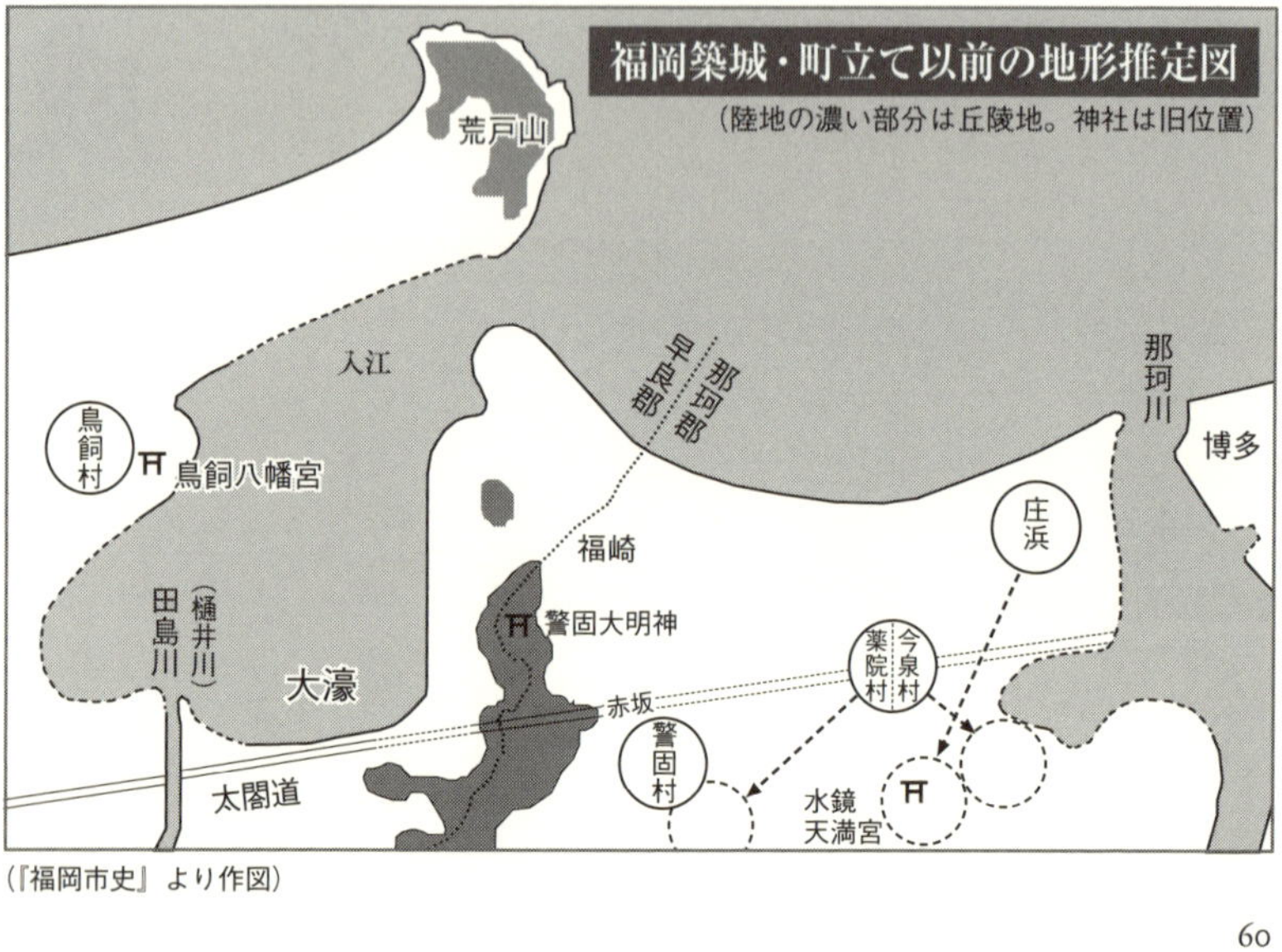

（『福岡市史』より作図）

すべて壮麗な天守がある。自分の城に天守をつくらなかったというのはおかしい。

近年研究が進み、五層の勇壮な天守があったといわれるようになった。

当時の用地は海岸に面し、城の西の草ヶ江にあった小さな入り江はそのまま大濠とした（現在の大濠公園は大正十四年（一九二五）の博覧会に合わせ、半分を埋め立て、中国杭州市の西湖をモデルに公園として改修されたものである）。

城を取り囲む堀は東側で一本となって、赤坂堀、中堀、肥前堀から那珂川につないでいた。御船方の船溜りは博多側にもあったというので、博多湾から那珂川を上って、堀に入り、直接、城に乗り入れることができた。

この福岡部の市街を分断していた深さ二間（三・六メートル）、幅三〇間（五四メートル）、長さ一五町（一・五キロ）の肥前堀は、昭和二十三年（一九四八）、国体開催にともなって埋め立てられて国体通りになった。天神地下街にその跡がある。

城内は敷地が四段になり、本丸・東の丸・二の丸・水の手、西に三の丸、南に南の丸、北側に北の丸があった。また祈念櫓・武具櫓・屏風櫓・時櫓・月見櫓・生捕櫓・大組櫓・松原櫓・向櫓・切出櫓・花見櫓・潮見櫓など大小四七の櫓があった。そして上之橋・下の橋・城裏手の追手門で城外と通じた。

城裏手の赤坂山を削って、荒戸山（西公園）下の干潟を埋め立て、侍屋敷を置いた。城内には重臣八人の屋敷を設け、大名町・天神町《てんじのちょう》・因幡町・土居町に上

上之橋御門
（○○提供）

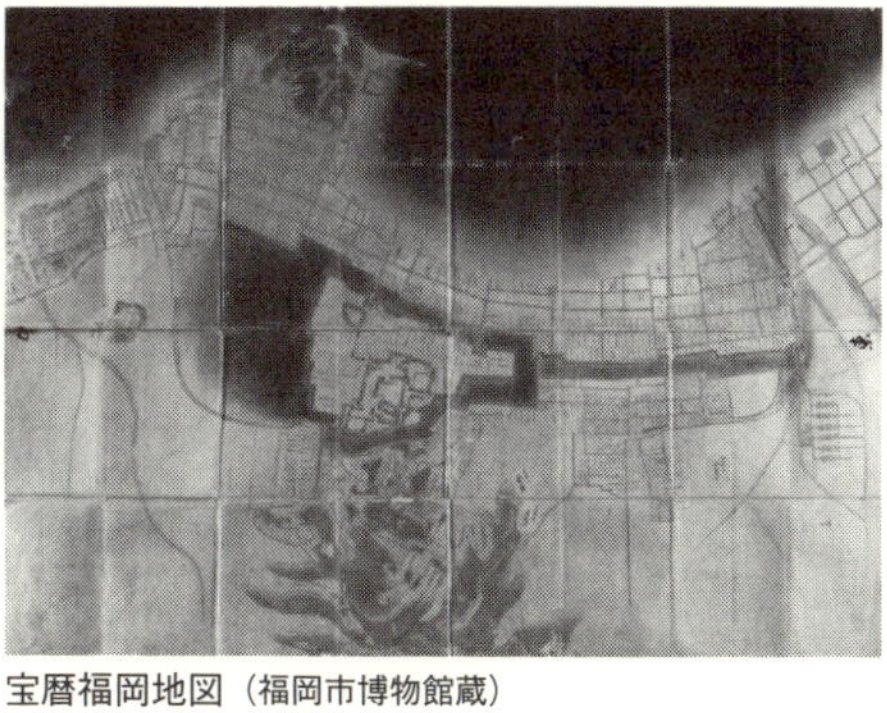
宝暦福岡地図（福岡市博物館蔵）

級武士の屋敷を配し、荒戸町一番町から五番町まで中級武士の屋敷、地行《じぎょう》には下士、南側の茶園谷・牢人谷・馬屋谷の丘陵地帯に下士を住まわせた。

城裏手の追いまわし馬場には御馬方、荒津山下の湊町・伊崎には御船方、薬院《やくい》・雁林町・養巴《ようは》町には藩医や薬師など医療関係者を住まわせた。

博多におよばなかった城下町

「長政は、福岡城下は刀鍛冶をはじめとした武器や武具など戦略物資を生産する職人町として都市型工業機能を持たせ、商都博多には商品流通機能を持たせ、黒田家が必要とする物資の調達機能をもたせた」（武野要子『博多』）

二つの町は中洲をまたいだ長さ四七間二尺、幅二間五尺五寸の西中島橋で結んだ。中洲を境に東側の商人町博多と西側の城下町という、全国でも珍しい双子都市ができた。しかし、九州一の大都市博多に比べ城下町は中々発展しなかった。

築城三十五年後の寛永十四年（一六三七）ごろでも戸数約一〇〇〇戸だった。

黒田一成を祖とする三奈木黒田家に伝わる「福博古図」には、福岡、武家八三八軒、町人一六二九軒、博多は三三九五軒とある。

幕府の公文書には、福岡は総構えの城とある（『福岡県史』）。

残された絵や写真では、福岡側は西中島橋の両側を石垣で築き、その背後には

福岡城ジオラマ

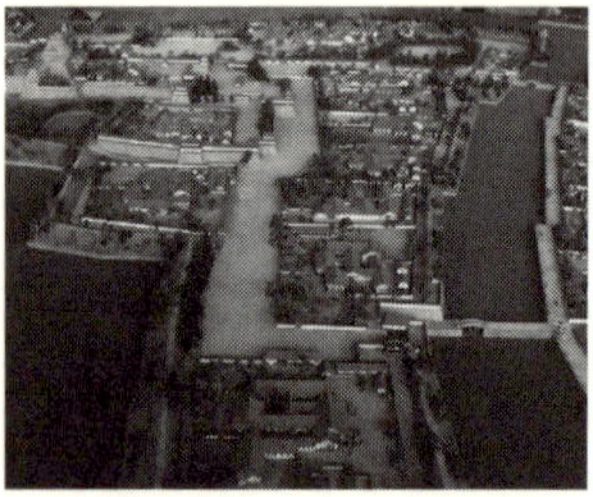
城内の重臣屋敷

福岡城が見えている。橋を渡ると枡形門があって石垣の壁に突き当たり、脇の門から城下町に入るようになっていて、確かに堅固な総構を思わせる。

郭からの出入りは、南東の肥前堀に春吉門、今泉方面への数馬門、薬院への薬院門、赤坂口に赤坂門の橋を設け、西側は大濠と海がつながる堀割に橋を設けて、西新・早良への出入り口として黒門を設けた。

福岡城下は武家屋敷と町人町だが、町人町のほとんどが職人町で、それも鉄砲・刀鍛冶などの武器職人が多かった。職人町・魚町・鍛冶町・紺屋町といい、町人は「お連れ越し」といわれた播磨以来の者たちや中津城下から来た者たち、そしてお抱え職人などが多かった。戦国の世はそれでもよかったが、徳川幕府が成立し、幕藩体制となり、世の中が太平になると、武器や武具の需要は減り、日用品や生活用品、衣装や飲食などの新たな商店が求められた。

また、参勤交代や長崎への幕府の役人、旅行者などの往来が多くなり、通りの美化や整備に迫られた。元文五年（一七四〇）、唐津街道へ城下の東西を結ぶ町屋、本町（九四軒）・大工町《だいくまち》（九

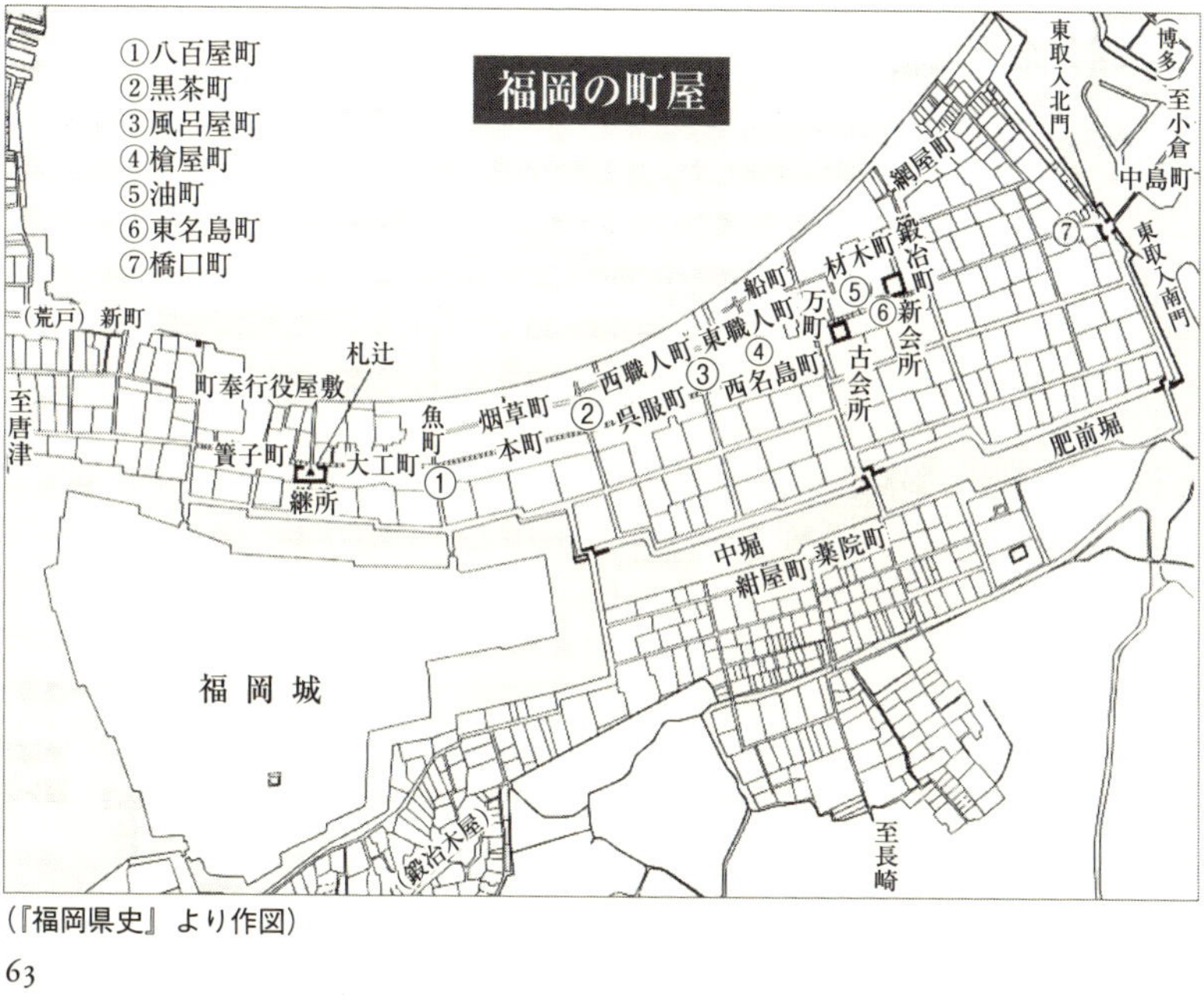

（『福岡県史』より作図）

一軒）・簀子町《すのこまち》（八八軒）・東名島町（六九軒）・呉服町（五七軒）・西名島町（五六軒）の幹線道路、六丁筋の整備を計画した。

六丁筋の商店は、五十万石の城下町にふさわしい体裁に改造するために「瓦ぶき白壁づくり」として、景観づくりを進めた。このため、魚屋、八百屋、煮売り屋、髪結床などは美観を壊すとして裏通りの魚町に移転させている。

また、いままでになかった商家の誘致を図り、博多の呉服商売を禁じて、呉服商を強制的に移住させたり、福岡城下町への出店には運上銀の三割引き、人口を増やすために移住は制限なしと新たな政策をこうじた。

天神の隣町、レトロな町並みで若者に人気のある西通りに面した大名地区は、現在でも通りに藩政時代の面影がある。

この地区は上級武士の屋敷が建ち並んでいた。また、以前、万町といった西鉄グランドホテル前の明治通りはカギ型道路で往時をしのばせている。

このように路地に入っても通りが丁字路《ていじろ》で、見通しがきかない、まっすぐ通り抜けができないなど、市街戦を想定した城下町ならではの町並みが残っている。小路が突き当たる上久《ジョーキュー》醤油前の通りなど当時のままの道である。

武家町は、秀吉の太閤町割りで碁盤の目に区画され、すっきりとした通りがある博多の町とは町並みからして趣が違っていたのである。

町並みと同じように町の呼称も異なった。町の名を武家や医家町では「〇〇ち

中洲から櫛田神社を望む

福岡城の枡形門

ょう」と呼び、町方では「〇〇まち」と呼んだ。
天神町、因幡町《いなばちょう》、雁林町《がんりんちょう》、そして大工町《だいくまち》、魚町《うおのまち》、浜町《はまのまち》というぐあいになる。
天神町、薬院《やくい》では「ん」を除き、浜町を「はまのまち」と「の」を足す。

福岡と博多

福岡と博多、両都のもつれは明治二十二年（一八八九）、市制公布にともない名称をどちらにするかでもめにもめた。市会議員三〇名のうち、博多が一七人、名称はすんなり博多に決まるところだったが、当日、博多の四人が欠席、それも四人は議決が終わるまでトイレに閉じ込められていたのだという奇談もあった。評決は一三対一三、ところが福岡部出身の議長が評決に加わって、一四対一三の一票差で福岡市になった。おさまらないのは博多の町民だったが、当時の九州鉄道が、すでに駅名を博多駅としていてなんとか溜飲を下げた。その後の国鉄も現在のＪＲも博多駅を受け継ぎ、ここに博多の名が残ることになった。

明治二十二年四月、両市中合わせて福岡市が発足した。人口五万八四七人だった。

明治初期の東中島橋から川端方面

福博風景

③

家臣団の構成と藩士

筑前福岡藩は五十万石となり、石高にふさわしい陣容が求められた。
播磨以来の家臣を大譜代といい、中津で召し抱えた家臣は古譜代といい、福岡で新たに召し抱えた家臣を新参といったが、急激な藩士の増加は様々な軋轢を生んだ。

福岡藩の家臣団構成

黒田家が播磨から中津に転封したときの家臣は一〇〇〇人くらいだったと思われる。中津では播磨時代の三倍ほどの加増となっているので、当然新たな召し抱えがあったと思われる。如水は九州制圧のさい、中津には兵がなく、新規に三六〇〇人（九〇〇〇人ともある）の兵を召し抱えた。

『福岡県史』によると、慶長二十年（一六一五）、大坂夏の陣に参陣した福岡兵は約一万人という。領地高五十万二百四十六石余のうち、寺社領を差し引いた物成十六万四千四百六六石が軍役高で、物成十石に一人の軍役では、一万六四四〇人となる。大坂出征が一万人で、六四四〇人が国内警衛に残ったとしている。

福岡藩では孝高の兄弟などを一門、播磨以来の家臣を大譜代、豊前中津で仕え

「黒田家臣群像」右奥より井上、桐山、小河、左奥より黒田一成、野村、栗山
（福岡市博物館蔵）

た者を古譜代、筑前入国後に仕えた者を新参といった。なかでも井上、栗山、母里、後藤は家臣というよりは盟友的な存在で大きな力を持っていた。

福岡藩初期の組織は、まだ臨戦態勢で大組・馬廻組・鉄砲組で構成された。

年寄一四人のうち、九人は一万石から母里友信一万八千石と小大名並の知行を得ていた。これら家臣団の知行総額は三十二万九千三百八十一石となった。

身分と職制（慶応分限帳）

福岡藩は二代忠之の時代から、すさまじいリストラを行い、藩主と家臣との間

慶長9年（1605）の家臣団構成

年寄・年寄脇	大組		田代半七組	27人
井上之房（大）	桐山丹斎組	13人	平松金十郎組	35人
栗山利安（大）	林直利組	11人		
母里友信（大）	菅忠利組	11人		
後藤基次（大）			万徳（忠之）様衆	4人
小河喜助（大）	馬廻組		榊伝吉組	4人
黒田一成（大）	群次左衛門組	19人	倉八六右衛門組	4人
野村大学（大）	小河源右衛門組	16人		
黒田直之（一）	小河藤左衛門組	18人		
黒田孫市（一）	吉田小平次組	22人	組外	29人
黒田政成（一）	斎藤後左衛門組	24人	職人衆	11人
岡田三四郎（古）	中村藤兵衛組	18人	船手衆	14人
立花吉右衛門（新）			代官衆	33人
鷹野半左衛門（新）	鉄砲組			
赤石道斎（新）	益田与助組	8人		
	野口佐助組	7人		

（大譜代、一門、古譜代、新参）

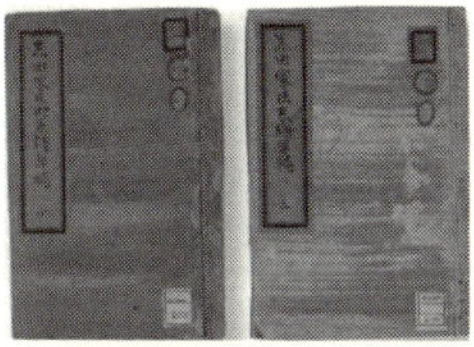

『黒田家臣系譜草稿』
（福岡県立図書館蔵）

江戸藩邸から登城する藩士

に亀裂を生んだ。その後も藩財政の衰亡から、家臣が増えることはなかった。幕末期の慶応（一八六五〜六八）分限帳では、御目見《おめみえ》以上一八五三人、御目見以下三六七一人、計五五二四人となっている。軍事専門家の大山柏は、幕末の家臣数は一万石あたり一〇〇人ぐらいとしている。福岡藩の家臣数は大山の指摘どおりになる。

　御側筒までを武士といい、藩主御目見格で直礼《じきれい》という。御目見え格も身分や職の上下によって御座間（家老）、小書院（中老、筋目）、大書院（大組頭・鉄砲頭）と場所が定められていた。さらに一人で謁見する独礼、二人で同時に謁見する二人礼、五人で同時に謁見する五人礼と規定があった。

　福岡藩では藩草創期以来の家老三奈木黒田家（祖黒田一成）を特別に大老と呼んだ。中老は二〇家があり、その中から藩政を執る家老が選ばれた。

　一風変わった身分に飯田家の場合があった。飯田角兵衛は「われ及びわが子々孫々は平時の政治に関与致しません。ただ戦時の大将職として召されるならば家来になります」といい、二百七十年無役で中老並の二千七百三石を領した。

番方の勤務

身分と職制　（「慶応分限帳」）

御目見　（直礼計2112人）	御目見以下（無礼3414人）
大老・16000石　1人	足軽・6石以下　1172人
中老・5000石から800石　20人	番方足軽・6石以下　28人
筋目・1300石から800石　5人（一門）	無礼船頭・8石以下　16人
大組・2500石から600石　89人	御鳥見・6石以下　10人
馬廻・570石から蔵米30俵　548人	御馬捕・6石以下　114人
無足・38石以下　410人	御小人・6石以下　324人
城代組・32石以下　316人	掃除坊主・5石以下　70人
家業・461石以下　100石　464人	小役人・5石以下　251人
城代半礼・無礼　12石以下　28人	下男・5石以下　11人
陸士目付・14石以下　9人	郷夫・2石二人半　150人
陸士・13石以下　72人	梶取・6石以下　119人
御側筒・12石以下　150人	加子・4石以下　589人
	諸付下代・7石以下560人

福岡藩の軍団は備《そなえ》と組《くみ》といった。備は家老・中老などの大身の家臣で構成し、組は直臣だった。組の知行取りは大組・馬廻組に編成され、切扶持《きりぶち》（固定給）の卒は無足・城代組に編成された。

また、別途鉄砲足軽の鉄砲組と船手の船組があった。

長崎警備は大組・馬廻組を四組に編成して、交代した。

筋目（黒田一門のことで、五家あった）

白国小市郎	千石	因幡丁	祖・黒田利高
澤辺藤左衛門	八百石	土手丁	祖・黒田利高
間島諸左衛門	千石	大名丁	祖・黒田利則
間島甚左衛門	千石	大名丁	祖・黒田利則
由良惣右衛門	千三百三石	下ノ橋	祖・黒田直之

筋目の祖は黒田如水の兄弟である。しかし、福岡藩二代忠之の代に改易され、のち復帰したが、いずれも復帰後は黒田姓を名乗らなかった。家格を中老の下にしたのは、一門には権力を与えないという趣旨からだった。

下之橋御門と伝潮見櫓

④ 黒田二十四騎

黒田家を筑前福岡五十石の大大名にしたのは、戦乱を乗り越え播磨の小豪族時代から支えてきた黒田二十四騎といわれる功臣たちだった。藩主長政は彼らに高禄で報いたが、二代忠之は二十四騎の多くを追放し、福岡藩の組織を動揺させた。

黒田二十四騎列伝

福岡藩の家臣を語るとき、播磨以来、福岡藩の草創期に藩祖孝高・初代藩主長政を助けて大功があった黒田二十四騎は欠かせない。

二〇〇八年、市制百二十年を迎える福岡市の礎を築いた黒田長政生誕四百四十年が祝われ、福岡市博物館で「黒田長政と二十四騎・黒田節の世界」展が開催された。このように福岡市の礎となった福岡藩建国の功臣「黒田二十四騎」は現在も多くの人に称えられている。

黒田二十四騎の多くは播磨以来の家臣だが、豊前から加わった原種良もあり、播磨の出だが城井谷の戦いが十六歳

二十四騎図（福岡市博物館蔵）

の初陣だった黒田一成まで、年齢も幅広い。

また、長政を入れて黒田二十五騎という呼称もある。さらに黒田利高、黒田利則、黒田直之、栗山利安（善助）、母里友信、井上之房、黒田一成、後藤基次の八人を黒田八虎とも呼んだが、これは勇士というよりは尊称だろう。

二十四騎が打ち揃って活躍したのは豊前に入国した三年ほどで、野村祐勝、小河信章は文禄の役の負傷がもとで亡くなっている。

黒田二十四騎無惨

福岡藩では二代忠之が「一門や父長政の盟友的門閥高禄家臣らの知行を没収・減知し、あるいは召し放し、新参の側近を形成して、寛永九年（一六三二）、黒田騒動を起こした」（『福岡県史』）とある。この一門や門閥高禄家臣が黒田二十四騎で、結果、大譜代も六千石以上の知行の者は黒田一成を除いていなくなった。

知行没収
一門　黒田利高・黒田利則・黒田直之
重臣　野口一成・益田正親・小河信章
勘気にふれ追放

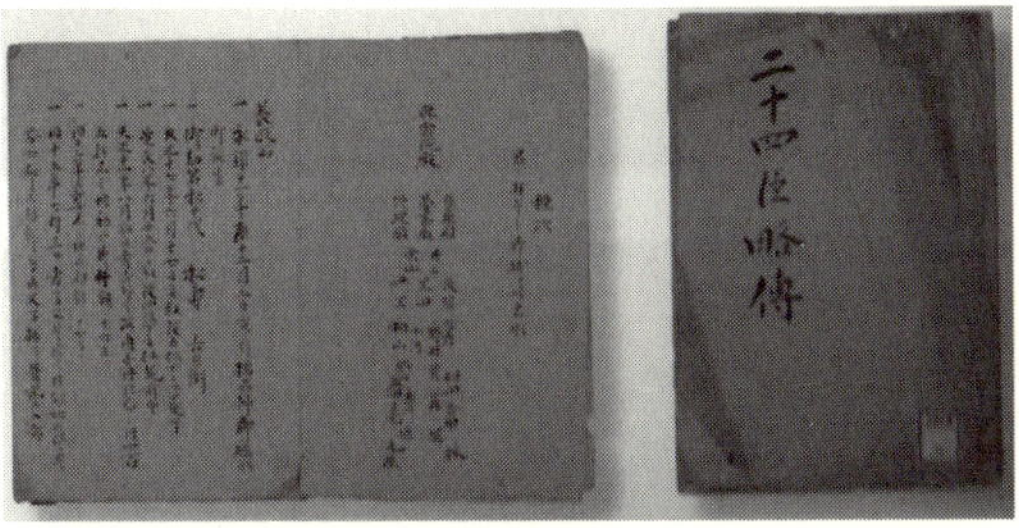
『二十四臣略伝』（福岡市総合図書館〈衣非文書〉蔵）

『黒田廿四騎伝』（筑紫女学園高等学校図書館蔵）

家老　井上之房
重臣　村田吉次・竹森次貞・衣笠景延
改易
重臣　原種良・三宅家義・毛屋武久
立ち退き
家老　栗山利安・母里友信
存続六家
大老　黒田一成
家老　久野重勝・野村祐勝（幕末に断絶）
重臣　桐山丹斎・菅忠利（正利）・林直利

一門では、如水の兄弟たちも例外ではなかった。

二男利高の死後、子の政一、政仲はともに二代忠之の勘気を受け放逐されたが、三代光之の代に復帰を許された。しかし、政一は白国、政仲は澤辺姓を名乗り、黒田姓を名乗ることはなかった。

三男利則の跡目は嫡男孫市が継いだが死去して、子がなく断絶した。

四男直之（惣右衛門ミゲル）は死後、嫡男直基が陪臣に討たれるという不慮の

黒田二十四騎と石高　（「慶長分限帳」）

黒田利高	一門	10000石	職隆の二男、初め秀吉に出仕
黒田利則	一門	12000石	職隆の三男　初め秀吉に出仕
黒田直之	一門	12000石	職隆の四男　秀吉、次に秀長に出仕
井上之房	大譜代	17600石	初めは職隆に仕える
栗山利安	大譜代	15000石	十五歳で孝高に仕える
久野重勝	大譜代	5000石	父の代から黒田家に仕える
母里友信	大譜代	18000石	江戸時代は代々毛利と名乗る
後藤基次	大譜代	16000石	長政の代に退国
黒田一成	大譜代	16000石	一成家は幕末まで続く
野村祐勝	大譜代	2996石	文禄の役後38歳で没
吉田長利	大譜代	1200石	職隆・孝高・長政三代に仕える
桐山丹斎	大譜代	6000石	職隆・孝高・長政・忠之四代に仕える
小河信章	大譜代	5000石	赤松、小寺に仕える。文禄の役の後没
菅忠利	大譜代	3000石	文禄の役で虎を一刀で仕留めた剣術家
三宅家義	大譜代	3600石	福岡藩では水軍を指揮した
野口一成	大譜代	3000石	石積みの名人として知られる
益田正親	大譜代	3000石	農民の出で、鉄砲頭となる
竹森次貞	大譜代	3000石	旗奉行で子孫も務めた
林直利	大譜代	3000石	信濃の出で、文禄の役で虎を槍で討つ
原種良	古譜代	2000石	唯一筑前の出、豪傑だった
堀定則	大譜代	5000石	元は陪臣、秋月藩分知で付家老に
衣笠景延	大譜代	3000石	播磨の豪族、端谷城主だった
毛屋武久	大譜代	700石	近江の出で、黒田の前に七家に仕えた
村田吉次	大譜代	2000石	幼年のころから仕え、九州合戦で活躍

事故で死し断絶、二男の斎助は退国後、光之の時代に復帰、由良を名乗った。

筑前入封後、年寄として黒田家を統制してきた大老の栗山利安、井上之房、母里友信、黒田一成、小河信章らも例外ではなかった。

筆頭大老で、麻氐良《までら》城と上座郡一万八千石を領した栗山利安死去の後、二代大膳が黒田騒動で改易を受け、幕府の処置で南部に流された。

井上之房は黒崎城一万六千石を預かる大譜代だったが、その子右近和利が病死した後、三代主馬正友は妻が栗山大膳の娘だったので黒田騒動の後難を恐れて出奔し、井上家は断絶した。

母里友信は鷹取城一万八千石を領し、死後、子の毛利左近友生が忠之の勘気を受けて知行没収となり、一族を引き連れ筑前を退国している。

小河信章家は三代光之のとき、嫡男綱正の廃嫡を巡って、子の権兵衛が守役としての不備を問われ改易となって退国した。

黒田一成について忠之は黒田騒動の後、上方に放逐しようとしたが、叔父の利高から、幕府の「知恩の者に報復してはならない」という厳しい達しをいわれ、手出しができなかった。一成家は三奈木黒田として、唯一一万六千石余を有し、大老のまま幕末まで所領と家の安堵を見て、明治を迎えている。

「忠之時代には播磨以来黒田家に仕えてきた多くの家臣が黒田家を去っている」（柴田一雄『黒田長政と二十四騎・黒田武士の世界』）

黒田利高

黒田利則

黒田直之

原種良

四代続いた藩政の混乱と二十四騎の再評価

初代長政は嫡子忠之の素行を危ぶみ、廃嫡しようとしたが、家老栗山大膳のとりなしで忠之は二代藩主となった。ところが忠之は二代の座を継ぐと藩主の支配権を握るために、福岡藩草創からの一門や重臣を廃し、寵臣を周りに置いて側近政治を行った。その弊害は「黒田騒動」となった。

承応三年（一六五四）、三代光之は、藩主に就封すると忠之の息がかかった前政権の重臣を避け、新たな人材を家老に登用して側近政治を行った。立花平左衛門、鎌田八左衛門などである。実は光之は、父の忠之から疎まれていたが、黒田一成の尽力で三代となった。まるで長政と忠之の関係の再現である。

その光之は延宝三年（一六七五）、嫡子の綱之の行状を危ぶんで、廃嫡して直方藩から綱政を迎えた。三代にわたり親子相剋の悲劇が続いたことになる。

しかし、四代綱政もまた治政を巡って光之と対立し、光之の側近を放逐して、隅田清左衛門、斎藤忠兵衛、小川専右衛門を取り立て、側近政治を行った。

ところが野心にあふれた隅田が政権を一手にすると政治が専横になり、藩政は乱れた。しかも、政治の停滞を受けて藩財政も窮乏し、家臣からの上米《あげまい》が繰り返されるようになった。代替わりのたびに前政権と新政権の間で、権力を巡って繰

『野口氏世譜』
（福岡市博物館蔵）

野口一成

『野村祐勝伝』
（個人蔵）

野村祐勝

り返される暗闘で、藩内は四分五裂し、閉塞感に覆われていった。

四代も続いた悪政に家臣の不満は極限に高まって、批判は政権だけでなく、任命した藩主にも向けられるようになった。

「清左衛門一人に御国政の司を仰せらるよりして、長政公以来の定目一つとして残り申さず、ことごとくなえ失い、新例の邪道をもって苦しめ、歴々の侍も飢え申すようになるお仕置き（政治）とまかりなり」

と家臣の間から不満が募り、「綱政公へ、侍中よりの諫書」が奏上されるまでになった。正徳元年（一七一一）、このような中で五代藩主の宣政は隅田を罷免し、財政担当者を処罰して、大譜代の吉田治年を復権させ、体制一新を図った。

それは忠之以来さけられてきた譜代の家臣を復権させ、封建的秩序の下に、藩政改革を行おうとしたのである。しかし三年後の正徳四年、宣政は病に倒れ、支藩の直方藩主黒田長清が後見となり、享保四年（一七一九）、その子の継高が六代藩主となって、長年続いて藩政を停滞させた混乱に終止符を打った。★

これ以降、福岡藩では藩主側近の下級藩士が取り立てられ、一代で家老に就任するようなことはなくなった。三代光之の頃から始まった二十四騎の評価は、譜代復権の高まりで再評価され、福岡藩で顕彰されるようになったのである。

『吉田家伝録』
（九州大学附属図書館蔵）
二十四騎の吉田長年の玄孫吉田治年が編纂した家譜

▼五代宣政の押込め
宣政は五代藩主となったが病弱で精神錯乱の気があり、藩政が執れなかった。そのため野村祐明ら江戸家老が藩主一族に事態を説明し、その内意を得て、幕府老中に届け、宣政を隠居させ、六代藩主に東蓮寺藩主黒田長清の嫡子継高を迎えた。

5 武士の家業とくらし

江戸時代の武士には勤務する職場が少なかった。家業という専門職は世襲されたが、多くは小普請組といい、自宅待機組だった。藩政に改革がまったくなく、新しい職場が生まれず、江戸時代の武家の若者は万年就職氷河期だった。

武士の家業

職制の上で特筆すべきなのが「家業」で、三九種の家業とそれに随従する四五二家があった。家業には文・武・医・船頭・料理・茶道・乱舞方があった。乱舞には笛・太鼓・小鼓、謡曲（喜多流）、狂言、装束方があって、代々家業として受け継がれた。武では剣術は新陰流・阿部流・二天流が主流だった。

武術で最も流派が多かったのは砲術で三九派があり、それぞれが技術を競って、幕末の洋式軍制導入の障害となった。流派が攘夷派と結束して洋式軍制導入を阻止したのである。それがために福岡藩では洋式軍制ができなかった。

医家も多かった。本科（内科）一般六四人、雑科（小児科一二人、外科二三人、鍼灸一八人、歯科三人、眼科五人）の一二五人の医家があった。著名な医家は、

母里太兵衛屋敷の長屋門
福岡城内に移築して現存

雁林町の藩医鶴原雁林、養巴町の鷹取養巴のように町の名となって残っている。

また料理や茶道が盛んで、西川、二川、戸川、雑賀の四家が料理人頭で、その下に料理人三二家があった。茶道家は九家もあった。

武士はそれぞれ世襲の家業が代々長男に受け継がれ、家禄も仕事も変わることがなかった。砲術方三九家、医家三五家、料理方三六家などがあり、軍人、武術師範、儒学者、美術家、茶道家、船手方など一芸一技に努め、十五歳になると元服出仕となるので、家業は十四歳までに習得せねばならなかった。

職制

城勤めは行政職の役方と武士本来の武官を務める番方があったが、多くは番方で、隔日勤務の日勤と仕事がある日に出勤する平勤があった。

役方は家老の下に当番中老六、七人でさい配した。

多忙だったのは用人で、下役には一〇人の右筆がいて事務方を担った。

主な職種とその仕事は次のようになる。

納戸頭は大組から選ばれ、藩主の身の回りの世話をした。鷹匠《たかじょう》頭・鷹医・料理人頭・奥馬方・庭方・友泉亭奉行・納戸《なんど》組医師・御茶道方を指揮して、藩主の日々の暮らしをサポートした。

武具櫓

二の丸

裏判役は、大組から任じられ、財政面を担当した。

城代頭は、大組から任じられ、宗旨奉行・座敷奉行・武具櫓奉行・硝煙蔵奉行・会所奉行・簗《はり》奉行・炭奉行・給仕番を統括した。

番方は、長崎警備、領内の警備、城内の警備、参勤交代の供を担った。

大目付は、大監察と呼ばれた。いまの警察機構で、配下に目付・側筒頭・陸士目付がそれぞれ一〇人ずついて、藩士の動向や事件の内偵を行った。

詮議方は、盗賊方が捕らえた賊などの裁判役だった。

盗賊方は、今の警察の刑事の役で市中を取り締まっていた。

小姓頭は、藩主が外出のときの警護役を担った。頭取四人、御簾《みす》番八人、平一二人で、藩主が外出のさいは、頭取一人が駕籠の後に従い、御簾番一人が右側について駕籠の乗り降りのさいの戸の開閉にあたる。駕籠の前には警護の小姓《こしょう》二人、一人が後ろに従った。小姓役は出世コースで、頭取は大組だったが、小姓は馬廻役《うままわりやく》から選ばれた。

領内支配の実際にあたる奉行職は馬廻役から選ばれた。

町奉行は、二人いて、月番で福岡と博多の取り締まりにあたった。

町の支配は町から年行司を選任し、その下に年寄をおいて、町を管理させた。

郡奉行は、領内一五郡を五地区に分けて、五奉行に治めさせた。奉行の下に吟味役がいて、その下に郡役所があった。郡役所は大庄屋・庄屋を統率して農村を

福岡藩江戸藩邸（明治初期）

藩士天野豊と祖父

支配し、年貢の管理にあたった。

浦方奉行は、領内の四八浦を統括した。また、相の島、大島、地島、岩屋、玄海、姫島、小呂島には島番屋定番をおいて、大庄屋・庄屋を通じて浦を管理した。

それも太平が続くと軍事部門の番方も形骸化、役職者でも勤務は三日に一日となり、多くは無役で仕事がなく、日がな一日ぶらぶらと過ごすばかりだった。

武士のくらしは無慾正直を信条として、武士の面目と恥を恐れた。

武士に唯一贅沢が許されたのが刀剣である。粗末な身なりの微禄の武士が業物を腰にしていると、満座の称賛を浴びて尊敬された。

衣服は綿服で、それも反物が買えないため、各家庭で女性が手織りして拵えたものだった。四〇文で木綿糸一斤を買い、それを織って木綿商人に売って、木綿糸二斤を買いと繰り返して織りためた反物で、嫁入り夜具布団・普段着・ふろしきなど嫁入り道具を自分でそろえるのが娘の仕事だった。

一方男子は長男が家を継ぎ、二男以下は養子にでも行かない限り、一代武士となって下人同様に扱われ、厄介者として暮らさねばならなかった。

五十万石で始まった福岡藩は、二百七十一年後の廃藩置県まで五十二万石だったという、まったく経済発展がないふしぎな時代だった。

税収の新たな仕組みと藩経済が民間の経済にリンクして発展するシステムがなかったために、新しい職場が生まれず、若者を吸収する職場がなかった。

奥女中

少林寺の稚児行列

江戸時代は武家の若者にとって非情な万年就職氷河期だったのである。

これには武士教育の弊害があった。この頃武士には算学は商人が学ぶものとして教えなかった。藩校「修猷館《しゅうゆうかん》」でも理数系の教育はまったくなかった。

これでは武士は経済の仕組みなど理解できるはずがなかった。そのため独り武士だけが、経済発展に落ちこぼれていったのである。

チンチクどんの谷ワクドウ

チンチクは珍竹、沈竹ともいい、足軽などの下級武士（卒）の家周りの生け垣で、それから下級武士のことを「チンチク殿」と呼び、それがなまって「チンチクどん」となった。福岡城の南一帯は四十八谷といわれ下級武士が住んだ。西面に住んでいる者を「チンチクどん」、南面に住んでいる者を「谷ワクドウ」と呼んだ。

このほかにも下士の居住地である「大西のチンチクどん」「地行のチンチクどん」「鳥飼のチンチクどん」「春吉のチンチクどん」がいた。

足軽以下は、戦時は歩兵、通常は役所の下級職で、警察行動も担った。彼らが警察行動のために修行した杖術「神道夢想流杖術」は、明治に警視庁に採用され、現在もその技が伝わっている。

足軽は卒といわれ、士分の家では座敷に上がることはできなかった。家は長屋

チンチクどんの家

で、表口三間、奥行き一〇間、三〇坪、家の庭に梅の木があり、食用に梅干しを漬けた。

足軽の世襲家禄は三人扶持六石だった。一石は玄米三斗三升一俵、一人扶持は玄米五俵。三人扶持の一か月分四斗五升を食用として、冬季に支給される六石を金に換えて一年間の諸費用とした。(『近世博多資料』)

扶持米は十二分し、一カ月分を藩庁から各戸に配給した。この中から食用分を除いて、市中の米屋に売って現金に換えた。足軽は切扶高に応じたつましい暮らしだったが、縄・草履・わらじづくりなどの副業は許された。

子供は、男子は手習い・算用・捕手杖などの「男業」の修行、女子は機織り・縫い物・料理などを学び、優れた者は家中奉公が奨励された。

チンチクどんも谷ワクドウも町人から「足軽、すねがる、ひもじがる、食うてしもうて苦しがる、チンチクどんの谷ワクドウ」とからかわれていた。ワクドウはガマガエルの方言で、草木生い茂るじめじめした谷地に住んだ彼らを「ガマガエルのようだ」と呼んでいたのである。

しかし、幕末から明治にかけて、偉人として傑出したのは彼らチンチクどんだった。勤王の志士平野國臣《ひらのくにおみ》、中村円太、儒者の青柳種信、明治の外交官金子堅太郎、ジャーナリストの福本日南など多士済々の偉人を輩出している。

これも福岡

名槍日本号と黒田節

著者の知人に母里太兵衛友信の子孫で、黒田藩伝柳生新影流兵法荒津会会長母里市兵衛忠一氏がいる。氏はみごとな口ひげの古武士を思わせる風格だが、実際、柳生新影流の師範として武術演武で黒田武士の伝統を伝えられている。

先祖の友信は黒田二十四騎の中でも武勇を知られた大譜代、筑前六端城の鷹取城一万八千石の領主だったが、大の酒豪で、福島正則の日本号を呑み取ったことで知られ、歌にも歌われている。

酒は呑め呑め、呑むならば、
　日の本一のこの槍を
呑み取るほどに飲むならば、
　これぞまことの黒田武士

母里市兵衛氏

しかしこの歌は昔から歌い継がれたものではない。昭和十三年（一九三八）、NHK福岡放送局が番組で筑前今様に合わせた歌をつくって放送したところ、黒田武士母里（もうり）太兵衛と全国で人気を得た。ところが、母里は「ぼり」というとある。出身地の播磨加古郡母里村は「もり」と読む。著者は「もうりたへえ」と覚えていたので異な気がした。友信が幕府から感状をもらったさい、「毛利」と間違って書かれたが、これは「もうり」と呼んでいたからだろう。

「ぼり」や「もり」を毛利と聞きちがえるはずがない。著者は忠一氏に聞いたが、氏は、「元は「もうり」ですが、わたしはいま「ぼり」としています」ということだった。友信の死後、子の毛利左近友生は二代忠之の勘気を受け退国した。十一代藩主黒田長溥は建国二百六十年を祝い、栗山家と母里家を復興させ、母里太兵衛が復権した。ちなみに福岡藩の文書には、多兵衛と書かれているものが多くあり、太兵衛は多兵衛が正しいという説もある。（本山一城『黒田武士母里多兵衛』）

博多人形母里友信（中ノ子タミ作）

これも福岡

大坂蔵屋敷

蔵米の搬入（『摂津名所図絵』より）

大坂蔵屋敷は四万五千石の米蔵があり、享保期に大坂堂島米会所が開設されたときから藩米の大坂売りを積極的に行い、筑前米は「建物米」（基準米）になったという。櫨蠟《はぜろう》の生産も多く、大坂に集まる蝋の八割を筑前産が占めていた。

大坂蔵屋敷は常駐の勘定奉行の下で大坂蔵元奉行が統括した。国許からの米・大豆の到着・水揚げに立ちあい、国許へ、または国許からの公文書の管理を行い、諸藩の大坂留守居役との外交・懇親、大坂商人からの借銀交渉など多忙を極めた。のちには財政難から勘定奉行が兼任するようになった。

この新任勘定奉行大岡克俊の大坂日誌『浪速詰方日記』があり、日記によれば、白子島町のほかに常安裏町・福島村・新舟町に蔵屋敷があり、安治川・富島にも借蔵があり、国許からの登米《のぼりごめ》を、相場を見ながら売ったり、借銀の担保にした。

また、日記には今日と同じような単身赴任のサラリーマンを思わせる記述が多い。新旧交代や国許から出張してきた役人の送別・宴会、有力銀主の接待などで、キタやミナミの茶屋での接待があり、福岡藩がよく使ったのはキタでは曾根崎の「河佐」、ミナミでは「河作」だったことが分かる。奉行は河佐がお気に入りだったらしく、二三回行ったうちの一二回は私用で利用している。

当時の蔵屋敷の門が大阪市天王寺公園に移築され、現存している。

福岡藩大坂蔵屋敷の門
（天王寺公園）

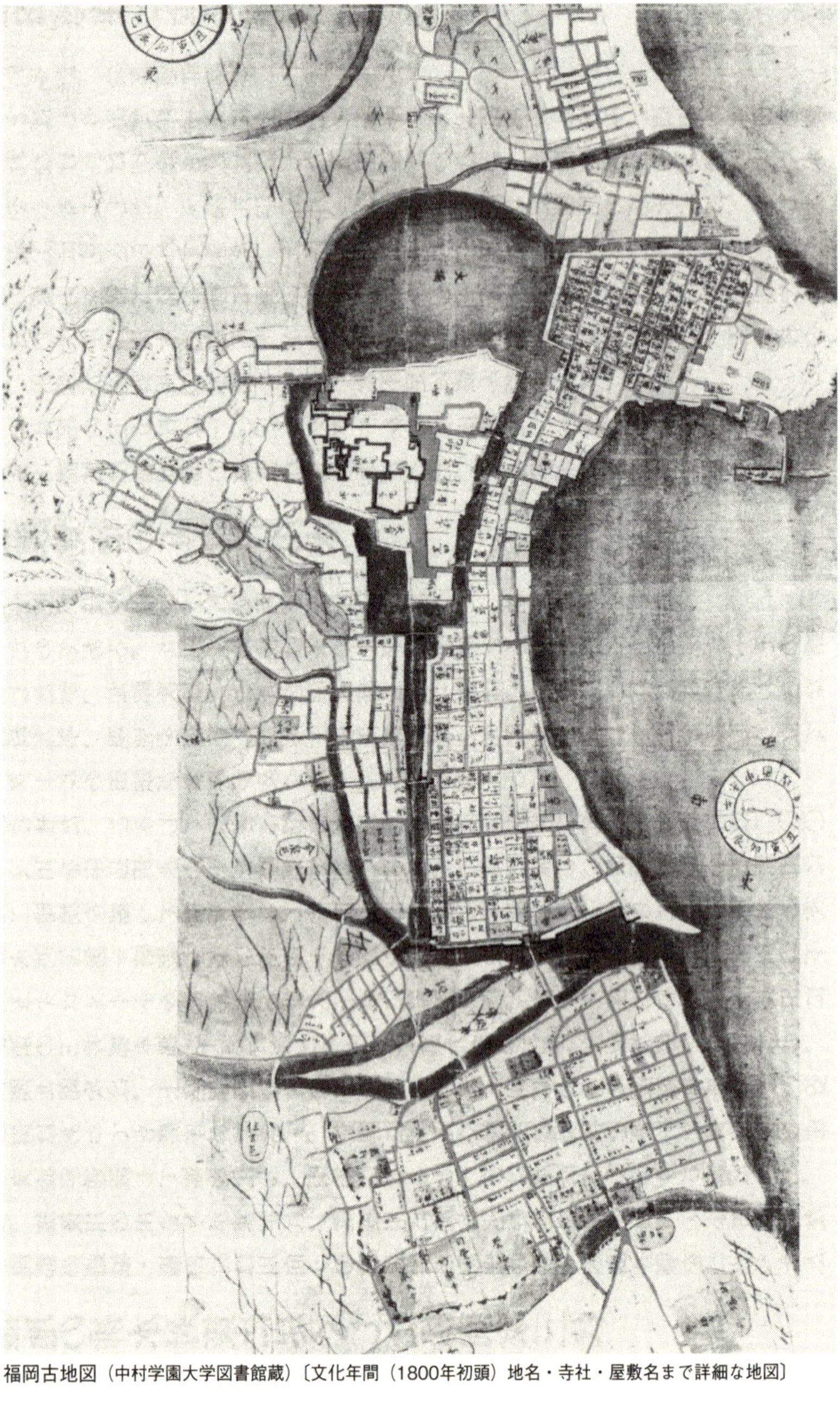

福岡古地図（中村学園大学図書館蔵）〔文化年間（1800年初頭）地名・寺社・屋敷名まで詳細な地図〕

第三章 福岡藩三百年の領内支配

長政は福岡藩の統治の確立と永遠の繁栄のために腐心した。

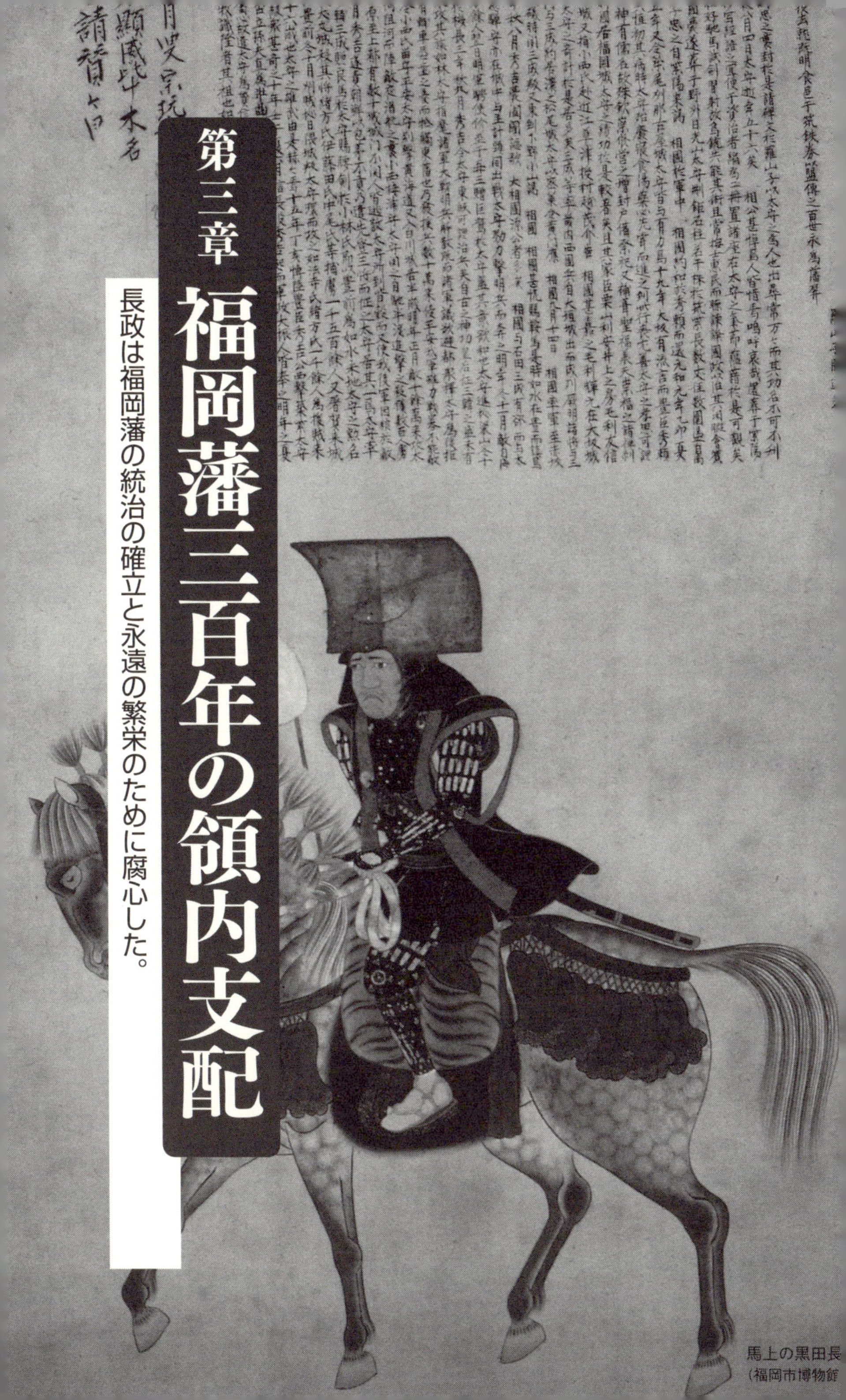

馬上の黒田長
（福岡市博物館

① 領国経営に苦心する長政

戦時体制から幕藩体制移行し、平和な時代になると領国経営に官僚型の人材登用が求められ、長政は新たな藩政の確立に苦闘した。また二代忠之の性向を危うんで、秋月藩と東蓮寺藩を分家して、本藩が忠之の悪政で改易を受けた場合に備えた。

異見会と長政

豊前中津から筑前へ入国当初の藩体制は、豊臣方と徳川方の争いが芽生えた頃であり、藩体制は、御先衆・旗本衆・鉄砲頭・弓頭などの番組体制で、臨戦的色彩が濃かった。ところが元和《げんな》偃武《えんぶ》を経て、徳川幕藩体制となるにつれ、組織は平時体制、つまり、行政機構と官僚組織へ変化しなければならなかった。

また、福岡城や城下町の建設にくわえ、新領地の統治体制づくり、そして中津時代の数倍に増えた家臣を養っていかねばならず、経費増もある。複雑になった藩経営には、戦争の猛者や経験者より、行政や事務・財政に優れた者が重要になってきた。これは戦国以来の家臣たちではなかなかできなかった。

当然、官僚型の家臣の登用が必要になってくるが、これはすなわち、旧臣たち

黒田長政
（福岡市博物館蔵）

とのあつれきの元となる。そこで如水《じょすい》死後、藩政執りたてについて播磨《はりま》以来、苦労を共にしてきた重臣たちの扱いに細心の注意を払うなど領国経営に苦心した。

そのため組織移行にあたっては、毎月一度家老や重臣たちを相手に、酒を酌み交わしながら、「長政の身の上悪しきこと」「国中の仕置の道理に違いたること」「何事にも常のとき申し難きこと」を、上下の関係に遠慮なく、意見を言い合う「異見会」を開いて、国の仕置（政治）に反映させた。

長政は尚武を尊び、家臣統制の法令三カ条を発した。

一、衣食におごらず質素倹約に努めよ
一、私用を飾らず身上相応を心掛けよ
一、奉公においては陰日向なく努めよ

これが福岡藩の祖法となり、代々藩主は順守した。

長政は二代忠之の素行を案じて、秋月藩と東連寺《とうれんじ》（直方《のおがた》）藩の分治を遺言した。

また、藩財政にも留意し「銀一万七〇〇〇貫、金一〇万両、銭一〇万貫目」を福岡藩資産とし、真偽は定かでないが、十年間の財政計画書「長政定則」を残したといわれる。それは慶長十七年（一六一二）から元和七年（一六二一）に至る過去十年間の歳入・歳出額を示し、藩財政の在り方を示したもので、長政定則を「右の積り堅く相守り、城付け用心除の分、年々間断なく相除」けば「凡百年もたてば、いま天下に配分の銀過半は当家に集まる」とあった（『物語福岡藩史』）。

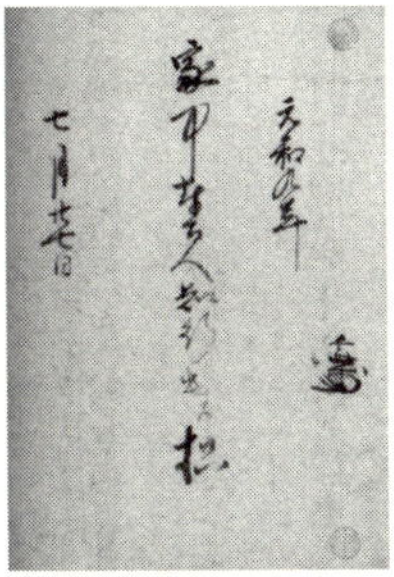
「家中奉公人知行出ス控」
（福岡市博物館蔵）

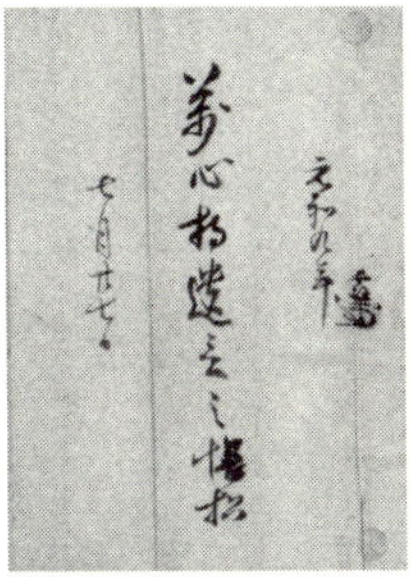
「万心遺言之帳控」
（福岡市博物館蔵）

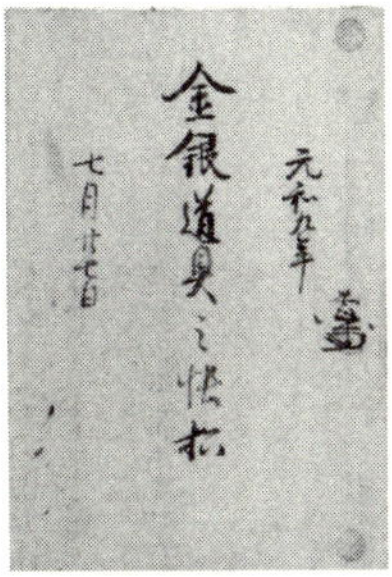
「金銀道具控帳」
（福岡市博物館蔵）

伝馬制と街道整備

長政時代の伝馬制度は幕府御用が第一だったが、次第に藩内の整備も整えられた。慶長年間（一五九六〜一六一五）の幕府役人の長崎へのルートは、若松に上陸—芦屋まで川船で—赤間から街道を福岡へ、城下から姪浜—深江から唐津街道を経て長崎へ行っていた。幕府は伝馬制度と並んで街道の整備を命じ、慶長十年、全国の大名に国絵図を提出させた。福岡城下からは五街道があった。

六宿街道（長崎街道）小倉より黒崎・木屋瀬《こやのせ》・飯塚・内野・山家・原田—佐賀・長崎へ

唐津街道★（芦屋街道）小倉より若松・芦屋・赤間・畝町・青柳・箱崎・博多・福岡・姪浜・今宿・前原—唐津へ

日田街道　博多より二日市・太宰府・甘木・志波・久喜宮・小石原—日田へ

篠栗街道　博多より金出・飯塚

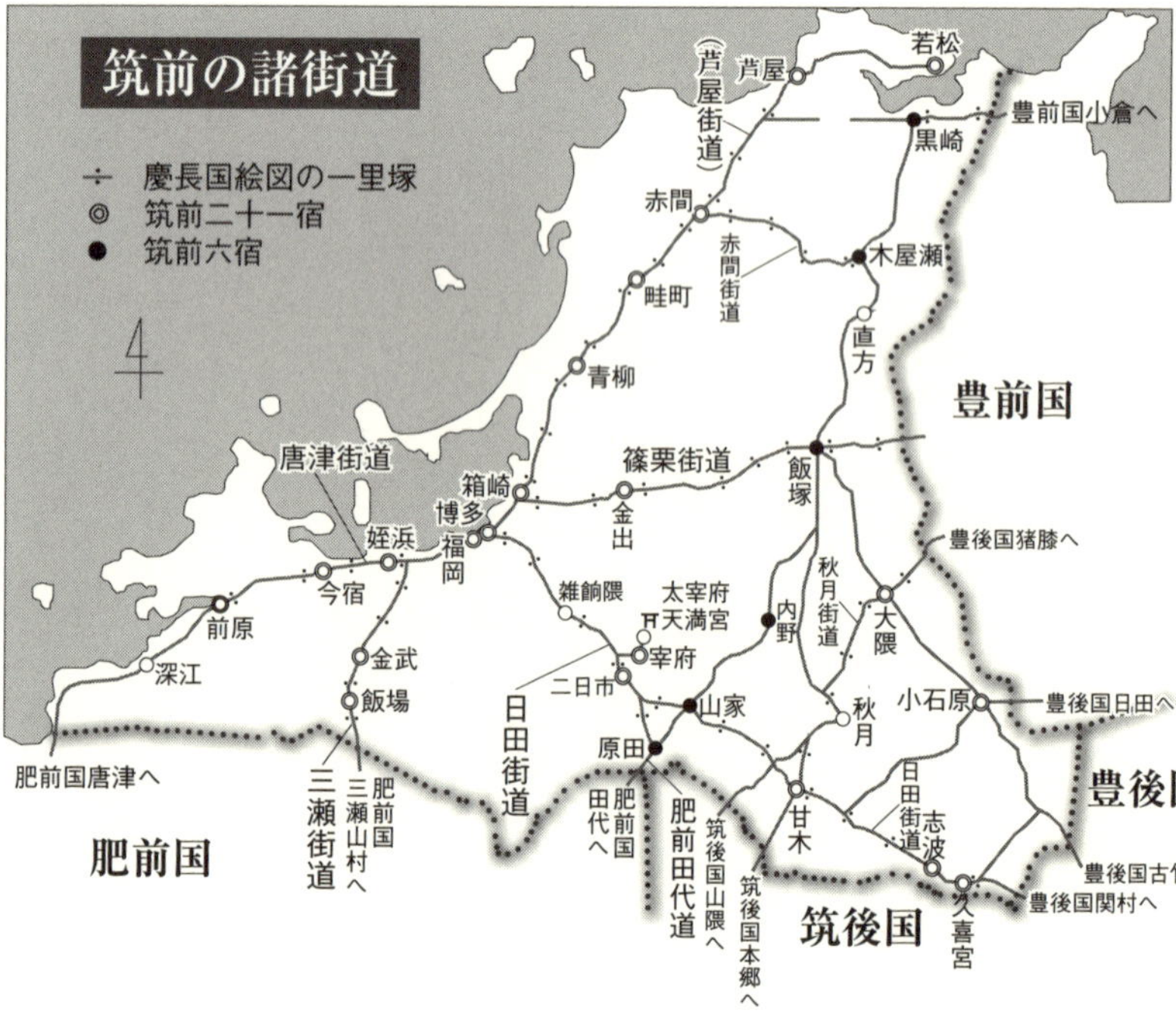

三瀬街道　福岡より金武・飯場―佐賀へ

それぞれ街道の途中で横断的に結ぶ四街道があった。

六宿街道（長崎街道）が長崎への主要街道になるにつれ、一里塚や街道脇の植生、茶屋など街道の整備とともに六宿も、旅籠や伝馬継ぎなどが整備された。

現在も黒崎には市街の真ん中に長さ三一〇メートルの松並木の街道が往年のまま残り、次の木屋瀬宿も当時の町並みがよく残っている。

この黒崎・木屋瀬・飯塚・内野・山家・原田の宿が筑前六宿となる。

飯塚宿は六宿最大の町で、飯塚を出ると六宿一の難所、冷水峠にさしかかる。冷水峠の手前が内野宿で、わずかに往時の建物が残っている。六宿の街道はほぼ平たんな道のりだが、最大の難所が急峻な坂が続く冷水峠で、いまも石畳の街道が残っている。この旅人泣かせの難所をオランダから将軍吉宗に献上された象やラクダが上り下りしたことを考えると感慨深い。しかし、冷水峠はあまりにも急峻であったことから、谷沿いに新たな街道が開発されている。

それでも難所に変わりがなかったが旧街道よりは楽になったという。

筑豊側の内野宿の代官は益富《ますとみ》城主の毛利（母里）友信が務め、筑前側の山家宿の代官を桐山丹斎が務めて、二人で協力して冷水峠の街道改修と整備に力を尽くした。山家の次が原田宿で、長崎街道福岡藩領最後の宿となる。

筑前六宿では、各宿に町茶屋が二軒おかれ、その町茶屋守がその宿の世話役と

▼**唐津街道**　豊前大里を起点とする、若松から芦屋を経る、木屋瀬から赤間へ抜けるなど多様な道があり一定されていない。若松起点は芦屋街道、唐津街道などともいう。

六宿街道黒崎の松並木

六宿街道冷水峠の石畳

なった。宿には宿帳が義務づけられ、宿泊者の国、氏名、職業、行き先などを記帳させた。

秋月藩と東蓮寺藩を分家

忠之は素行が悪く、危ぶんだ長政は、三男長興《ながおき》に秋月藩五万石、四男高正《たかまさ》に東蓮寺藩四万石を分藩し、本藩が忠之の悪政で改易を受けた場合に備えた。長政の寵愛を一手に受けていた長興を憎んでいた忠之は、名目だけの藩にして、そのうち吸収しようとしていた。ところが秋月の附家老堀正勝が意外な行動に出た。長興と江戸に上って、将軍に御目見して独立藩を勝ち取ったのである。懸念していた忠之は要所に検門所を設け阻止しようとしたが、長興はその網をかいくぐって江戸に出た。関門海峡では熊本藩が舟の提供を申し出たという。これで忠之は秋月藩を本藩へ吸収できなくなった。

一方、東蓮寺藩は三代長寛《ながひろ》の代に、直方《のおがた》藩と名を改めた。このとき三代福岡藩主光之が嫡男廃嫡にともない、元禄元年（一六八八）、四代福岡藩主に長寛を迎え、長寛は綱政《つなまさ》と名乗った。直方藩は新田藩主の長清《ながきよ》が継いだ。しかし、五代福岡藩主宣政《のぶまさ》が病弱で、長清の嫡男菊千代が養嗣子となり、六代藩主継高《つぐたか》となったが、この間、長清が後見となった。長清の死去後、直方藩は本藩に吸収された。

秋月城門

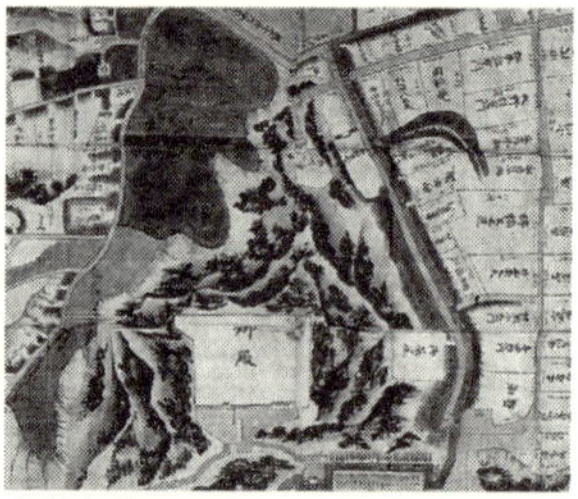
東蓮寺藩の居館

長崎警備と福岡藩

寛永十八年（一六四一）、二代忠之のとき、福岡藩は佐賀藩と一年交代で長崎警備につくことになった。長崎の西泊・戸町番所には、西泊に中老・鉄砲組大頭・大組二人・足軽四人・石火矢役二人、戸町に大組頭・馬廻組頭以下西泊と同じ体制で詰め、総勢一一二〇人で警備にあたった。当番は藩の軍役体制に合わせて、四番組が三カ月交代で長崎湾の警戒にあたっている。

正保四年（一六四七）、ポルトガル船二隻が通商の復交を求めて来航した。藩主忠之は自ら一万一七三〇人の兵を率いて長崎へ急行した。このとき博多津の豪商大賀宗伯と伊藤小左衛門が軍資金を負担し、ポルトガル船焼き打ちに要する稲わら調達に、一村の屋根わらを買い取って提供した。

長崎警備は藩財政に多大な負担となったが、藩士に異国人や異国文化と触れる機会を与え、福岡藩の開放的な風土を醸成していった。

一方、異国船や異国人に脅威を覚える者たちも多かった。国学を学んだ者たちに多く、「神州日本を異国人に踏ませるな」と極端な攘夷に走っていくようになる。

二つの流れは幕末に至り、福岡藩を二つに割って藩政を揺るがした。

長崎御番船帰帆の図（『筑前名所図絵』）

2

御家騒動で揺れる藩政

長政が二代忠之を危ぶみ、忠之と三代光之が争い、光之は四代となる嫡男綱之を廃嫡。しかし、光之と東蓮寺藩から迎えた綱政の相克があり、四代にわたってお家騒動が続き、福岡藩は動揺した。また、二代忠之と家老栗山大膳に発する黒田騒動で藩勢が凋落した。

黒田騒動と暴君二代忠之

忠之を一言で評するなら「暴君」である。忠之は素行が悪く、父の長政は何度も廃嫡《はいちゃく》を考えていた。長政危篤のさいも、忠之は鳥飼の別邸で謹慎を受けていて、家老の栗山大膳《たいぜん》のとりなしで、ようやく二代の座に上ったほどだった。藩主の座についても、その乱行は治まらなかった。寵臣の倉八十太夫が町民にあざけられたと聞くと、家臣に命じて見つけ次第斬り殺し、博多の町民を慄然とさせた。博多の豪商神屋宗湛《かみやそうたん》の秘蔵の茶器を買い上げという名目で、脅迫して取り上げたり、忠之の通行を知らずに礼を失した農民を捕らえて牢獄に入れた。祖父如水の歌仲間だった知福寺の住職空与を怒りに任せ、たぎった鉛責めにして殺したなど、その蛮行はいとまがない。

黒田忠之像
（福岡市博物館蔵）

一方、忠之は幼い頃からの寵臣で固めた側近政治を行い、福岡藩草創の功臣である家老や一門、黒田二十四騎と称えられた高禄の者たちを除こうとした。

忠之の暴虐な施策に対し大譜代の家老黒田一成と栗山大膳がことあるごとに諫言している。しかし、忠之はこれを敵視し、両者の対立は深まっていった。

一成と大膳を警戒していた忠之は、大膳の父で黒田家最大の功臣栗山利安（善助）が死去すると攻勢にでた。大膳の抹殺を命じたのである。大藩の家老の仕置は藩内だけでなく、幕府にまで発展する。下手をすると福岡藩の改易である。

これは家臣の必死のとりなしでとりやめたが、寛永九年（一六三二）、六月十四日、窮地の大膳が幕府に忠之謀叛を訴え出た。黒田騒動の始まりである。寛永十年三月十五日、幕府の裁定が下り、大膳の訴えは虚言であり、忠之は無実とされ、筑前一国を安堵されたが、将軍の勘気はとれなかった。そして混乱を招いた忠之の政治は処断され、幕府は、忠之の治政に厳しい注文をつけた。

一、公儀の奉公に努めること、二、長政以来の「知恩衆（播磨以来の重臣）」を粗略にしないこと、三、新儀を命じる場合、年寄たちと相談し、御一門衆と側近衆へ談合して、その上で命じること、四、国中奉公人の訴訟の公正、五、国許の公事沙汰の公正、六、家禄、知行方の仕置き、七、公儀向きの奉公人と代官の任命、八、すべての決定に年寄を関与させること、九、鉄砲頭の任命、一〇、江戸詰年寄・御供番替え・定供の任命、一一、江戸詰公儀向きの用人、一二、江戸

栗山大膳像（円清寺蔵）

お供の小姓の数、一三、在国中の家中目見は一日一度行う、一四、家中の使者は忠之自身で任命のこと、一五、屋敷留守居は公儀向きに関与させない、一六、以降、大膳の親類・知恩に仕返ししてはならない、一七、江戸詰証人同上。（『福岡県史』）

というもので、忠之の国政仕置がまったく幕府に信用されておらず、子どもにでも言い含めるような内容である。

また、忠之治政で大膳と対立した家老倉八十太夫は、幕府の命で藩を追われた。一方、虚言を弄したといわれた大膳には寛大な処置があった。大膳の訴えは「わが身を捨てて、国を救おうとした忠義」と、認められたからである。

大膳は盛岡藩預かりとされながら、終生一五〇俵の扶持と五里四方の歩行自由というものである。一死を覚悟した大膳が驚くような沙汰だった。

しかも、盛岡藩では「名誉の預かり人」として、お城近くに屋敷が与えられ、藩主南部重直は終生、大膳を厚遇している。その故あってか、大膳も自らの政治経験や学識・知識を惜しまずに盛岡藩士に与えた。盛岡郊外の志波村（紫波町）に、ふるさと志波の面影を見た大膳は、今日でいう「町おこし」で、無方禅師とともに酒づくりを伝え、これが「南部杜氏《とうじ》」の起こりとなったという。

このような大膳の功績は『岩手県史』や『盛岡市史』に偉人として取り上げられ、大膳が盛岡の文化発展に尽くしたことが称賛されている。幕府も、のちに大

霞ヶ関にあった福岡藩江戸上屋敷（幕末）

栗山大膳の墓（盛岡市）

膳を幕臣として召し抱えるとしたが、このとき病床にあった大膳は丁重に辞している。ただし、この事件以降、福岡藩では「栗山」の名を語ることはタブーとなり、事件の真相は、いまに至るも不明のままである。

この事件以降も忠之の悪政が止むことはなかった。黒田騒動で領地を追われ、再就職した大膳の家臣を巡って久留米《くるめ》藩と不和になり、久留米藩には参勤交代のさい、領地通行を許さず、久留米藩は仲の良かった秋月藩の領地を通り、熊本藩の船で関門海峡を渡った。

一方、財政再建のためと称して黒田騒動で必死に忠之を擁護した大老井上之房をはじめ、高禄の一門や家老、黒田二十四騎も容赦なく改易したり、放逐した。『福岡県史』には、忠之は、長政が成しえなかった福岡藩草創の功臣たちの改易をし、または藩から放逐し、藩主専制権力の確立を過激に実現したとある。

一、福岡藩成立に貢献した長政の盟友である六端城《ろくはじょう》主六人の知行を没収した。
二、祖父の如水の弟たちの家を減知・召し放しにした。
三、黒田二十四騎を処分した。
四、千石以上の大身者の家禄を減知した。

ひとり、幕府から「大膳の親類・知恩に仕返しをしてはならない」とされた黒田一成だけが家禄を安堵され、一成家は大老として幕末まで生き残った。

事件落着後、「忠之は、美作（一成）を上方で隠居させる予定だったが、それ

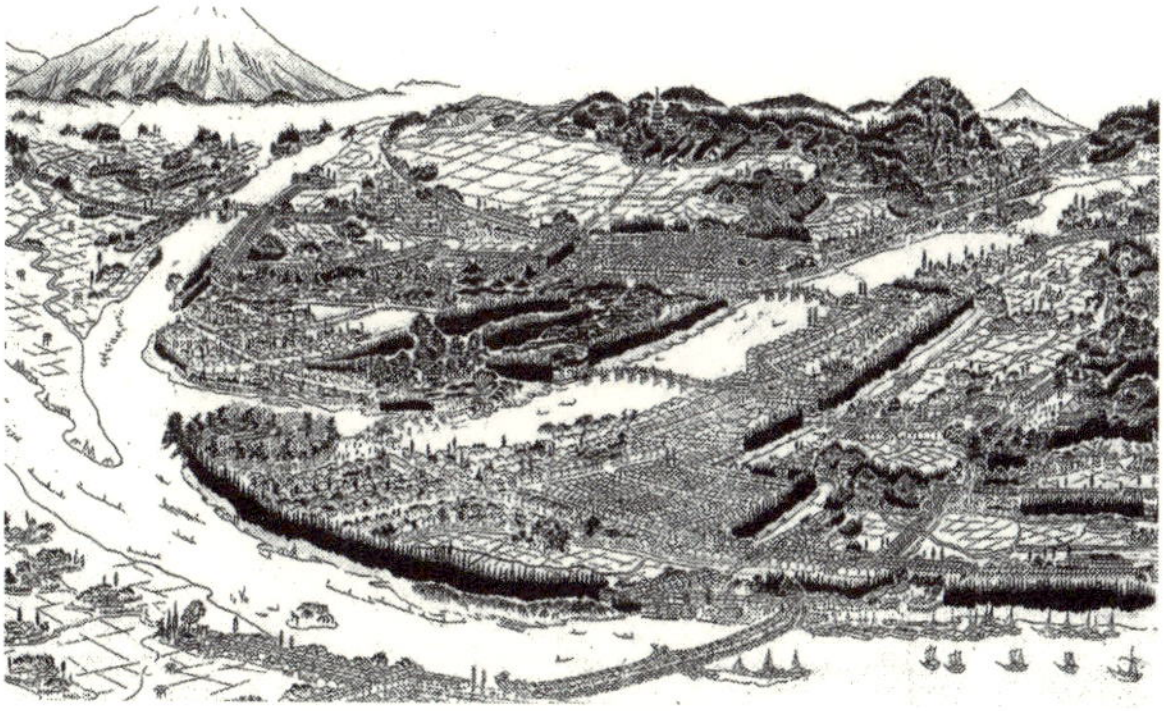

栗山大膳が晩年を過ごした盛岡城下（●●）

では幕府の命にふれるという、弟の東蓮寺藩主黒田高正のとりなしで、従来通り藩政を見させることになったのである」と『福岡県史』にある。

このように「忠之の藩政は高禄家臣団の統制を強化し、藩主専制権力の伸張をドラスティックに強行したが『黒田騒動』以来の失地回復をねらってか、手伝い普請・島原の乱出動・長崎警備に奔走した。それにともない、藩財政の窮乏もようやく露呈し始め、忠之の晩年には、公私の支出が増大して、財用はなはだ不足という事態を迎えたのである（『福岡県史』）」

忠之の治政は藩主専制権の確立と財政改革にあったはずだが、黒田騒動で藩威を凋落させ、島原の乱では抜け駆けの功名を焦って多くの家臣を失った。

そのうえ譜代の追放で藩政に空白を招き、財政破綻で藩士に不安と不満を募らせ、混乱の中で負のスパイラルを助長させただけに終わった。

『黒田家譜』を編纂させた三代光之

三代光之の治世は忠之の治世を白紙に戻し、疲弊した財政再建や荒廃した藩政を正道に治めることに力が注がれた。忠之は放漫財政によって生じた赤字を補うために藩士に上米を命じていたが、光之はこれをやめさせた。しかし、ほかに財政を補う方法もなく、年貢も度重なる天災で思うような収量が得られなかったこ

黒田光之
（福岡市博物館蔵）

ともあり、相次ぐ倹約令となって、それは八度にわたっている。

財政改革に業績が上げられなかった光之は、「文治政治」にその方向を試みた。貝原益軒《かいばらえきけん》に『黒田家譜』を編纂させ、忠之が改易したり放逐した、播磨以来の譜代の家臣「黒田二十四騎」を顕彰したのもこのときである。

光之のこの事業がなければ、黒田二十四騎や播磨以来の譜代の家臣の活躍は歴史の闇に葬られていたのである。

忠之と異なり、治政に「仁政」をおいた光之に暗い影を投げかけたのは嫡子綱《つな》之《ゆき》廃嫡の問題である。これは第二の黒田騒動として藩政を揺るがした。光之が綱之の附家老小河権兵衛、黒田又左衛門に発した一三カ条の糾明文には、綱之の不作法や過飲酒、奔放な行動が挙げられている。

これに対し、小河は若い者にありがちなこととして問題にしていない。光之は忠之が起こした黒田騒動を恐れ、綱之にその再来を見たらしく、藩主としては不適当であると判断したらしい。延宝三年（一六七五）三月二十六日、光之は小河権兵衛、黒田又左衛門の知行を没収し、蟄居を命じた。さらに延宝五年、綱之を廃嫡した。綱之はその後三十年にわたって幽囚され、死後、遺体はミイラ化された。守役の小河権兵衛は退国し、用人の立花実山も監禁となり、その後、撲殺されている。この後、福岡藩ではよからぬことが起きると「幹亮《かんりょう》（綱之）さまの祟り」と恐れた。

黒田家譜（福岡市博物館蔵）

藩政改革に尽くした六代継高

六代継高は四代続いた藩政の混乱を収束した名君といわれる。

その就封期は、享保四年から明和六年（一七一九～一七六九）にわたる五十年に至るが、度重なる天災と財政窮乏が重なり、農・財政改革に苦闘した。

継高の政権初期は前政権の家老が郡派と野村派に分かれて、窮迫する財政をよそにことあるごとに争い、藩政が停滞していた。継高は体制一新を図って、享保十二年、譜代の吉田栄年《まさとし》を抜擢して、藩政改革にあたらせた。

しかし享保期は四年頃から干ばつや洪水が相次ぎ、福岡藩でも毎年のように災害が相次ぎ、九年は風水害、十一年は長雨で筑後川と遠賀川が大氾濫、十四年は六月まで大干ばつ、八月に入ると一転、二度の洪水に見舞われた。十六年には江戸藩邸が火災にあい、吉田が家老に昇り藩政を掌握した十七年は「江戸四大飢饉」といわれる享保の大飢饉が西日本をおそった。

薩摩藩の『形成図説』には「筑前国内凡三十六万七千八百余口中、男女の七万人の疫餓の死人九万六千七百二十口と記せるとかや」とある。

享保の飢饉は、福岡藩の江戸時代を通じて最大の災害となった。米の手当てに裏判役の小川権左衛門が自ら大坂に出向き、金策にあたったが、うまくいかずに

黒田継高
（福岡市博物館蔵）

飢饉の炊き出し

博多の主な町人たちを上坂させて金策にあたった。農作が回復したのは享保十九年のことだった。この間、くらしのたちゆかなくなった農民の騒動や逃散が相次ぎ、農政担当者は恐慌に陥った。走り農民（逃散者）の行く先は、佐賀藩や熊本藩、小倉藩だった。なかでも長政・忠之以来不仲の細川・熊本藩には、走り農民の返還要求ができなかった。農民がいなければ気候が回復しても農業の回復は見込めない。そこで継高は、元文元年（一七三六）、幕府の仲介で熊本藩と和解している。

相次いだ飢饉は米の売却益を藩収とする財政を悪化させた。そのため藩財政の基本となる農政改革は、役人によって恣意的な農政が行われないよう農業関連の法令整備を行いその順守を徹底させた。

一、年貢米の大坂直送体制で大坂市場と緊密な関係を構築する。

一、「五郡奉行制」によるきめ細かい農政を行う。

一、農民の定着を図るため農民の待遇向上を図る。

「継高の晩年、宝暦・明和期の法令を集めて一冊となし、百姓に回達させ、『郡方合帳』にまとめられた八三カ条の法令は、この時期農政関係の法令を整備しようとする志向が存したと考えられる」（『福岡県史』）

また継高は、それまで藩財政の収支がはっきりせず、年ごとの総勘定（決算）が行われていなかったため、「御積帳（予算書）」による藩政を行うようにした。

その後、福岡藩では御積帳に基づいて藩政が行われるようになった。

朝倉平野

これも福岡

七世市川團十郎と博多八丁兵衛

博多と團十郎は深い縁で結ばれている。博多織元で『石城遺聞』の著者山崎藤四郎は博多織の全国販売を期し、江戸に出たがまったく売れなかった。ところが七世市川團十郎と出会い、團十郎と六世岩井半四郎が博多絞りのゆかたと博多織の帯を締め、台詞の中で博多織の宣伝をしてくれたことから、爆発的に売れるようになった。その二十年後、團十郎の博多公演が実現した。

七世市川團十郎

博多入りした團十郎は箱崎から小屋（劇場）がある浜新地（中洲）へ繰りこんだが、まず團十郎一人に専属床山、衣装方、金剛（男衆）、あんま、専属料理人まで三十余人がつくという豪勢さで、沿道に出迎えた博多津の町人を驚喜させた。

七世市川團十郎

お江戸一番の人気役者の初下りとあって連日福博の町は沸きかえった。

古渓町の顔役で気骨と反骨で知られる博多八丁兵衛が柿色緞子の夜具を新調して團十郎を招待したときのことである。團十郎が長崎興行でもらった珍しいギヤマンの切子を高々と自慢した。さすがお江戸一番の人気役者とすっかり感心してへりくだった八丁兵衛が天井を指差した。團十郎がふと天井を見ると、そこには特大のギヤマンがはめ込まれ金魚が泳いでいたので腰を抜かすほど驚いた。八丁兵衛は、わざわざこの日のために天井を普請していたのである。恥じいった團十郎はお詫びに狂歌を残した。

布團きて錦の上の乞食かな

博多座船乗り込み

八丁兵衛が溜飲を下げたのはもちろんである。博多は昔から芸どころといわれ、一九九九年六月、博多座が開場、こけら落としは博多と縁が深い十二代市川團十郎が務めた。毎年六月の歌舞伎公演は博多川から博多座まで、役者の「船乗り込み」があり、沿道から「成田屋ー」などの大向こう（掛け声）が起きる。

第四章
祭りと自由都市博多津

アジアに開かれた博多津は古来から海外に雄飛する多くの傑物商人が輩出した。

明治の博多祇園山笠

1

博多津と豪儀な博多商人

アジアに開いた海が古代から博多津を国際都市にした。
博多商人は朝鮮・中国・東南アジアに商圏を広げ、海峡をまたぐ商売は
博多商人の心を気宇壮大にして、豪儀な商人を育み、開放的な町人文化を発展させた。

流と筋がつくる町並み

博多は古来からアジアに開く商都だったが、相次ぐ戦乱で荒廃していた。その博多は秀吉の太閤町割りによって自由都市として生まれ変わり、その庇護を受けて発展した。このときから博多の商人たちは「博多津中」「博多惣中」と呼ばれ、島井宗室や神屋宗湛らが結集して、自治の町として発展していった。

その博多の復興を後押ししたのが秀吉の文禄・慶長の役と軍事特需だった。博多津は、軍事物資はもちろん、兵站基地名護屋《なごや》への消費物資から人材までの供給基地として発展した。博多津中が寄りあって力を発揮するのは商いだけではなかった。博多には「流」という独特の組織があって、博多津最大の祭り博多祇園《ぎおん》山笠や松囃子《ばやし》でも、その団結力を誇示した。元禄期の「流」は次のようになる。

袖之湊（福岡市博物館蔵）〔博多津は袖之湊といった〕

東町流（一一町）　御供所町・聖福寺前町・金屋小路町・北船町・東町上・東町下・廿家町東・鏡町東・浜口町上・浜口町中・浜口町下

呉服町流（一一町）　小山町上・小山町下・呉服町上・呉服町下・一小路町上・一小路町中・一小路町下・廿家町西・鏡町西・奥小路町東・萱堂町東

西町流（一二町）　万行寺前町・竹若番・箔屋番・西町上・西町下・蔵本番・奈良屋番・金屋番・奥小路町西・萱堂町西・古渓町・芥屋町

土居町流（一三町）　櫛田社家町・大乗寺前町・土居町上・土居町中・土居町下・行町上・行町下・浜小路町・西方寺前町上・西方寺前町下・片土居町・土居川口町・新川端町

須崎流（一八町）　掛町・洲崎麴屋番・橋口町・川端上・川端下・新川端上・洲崎町上・洲崎町中・洲崎町裏・対馬小路上・対馬小路中・対馬小路下・対馬小路横町・妙楽寺町・妙楽寺裏町・妙楽寺新町・古門戸町・古門戸横町

石堂流（恵比寿流）（一一町）　蓮池町・立町上・立町中・立町下・金屋町上・金屋町下・金屋横町・官内町・石堂町・中間町・綱場町

魚町流（福神流）（一二町）　西門町・中小路町上・中小路町中・中小路町下・魚町上ノ上・魚町上ノ下・魚町中ノ上・魚町中ノ下・店屋町上・店屋町下・古小路町・中島町

新町流（一一町）　辻堂作出町・辻堂町上・辻堂中町・辻堂町下・馬場新町・鷹

博多市街

現在と戦国時代の博多

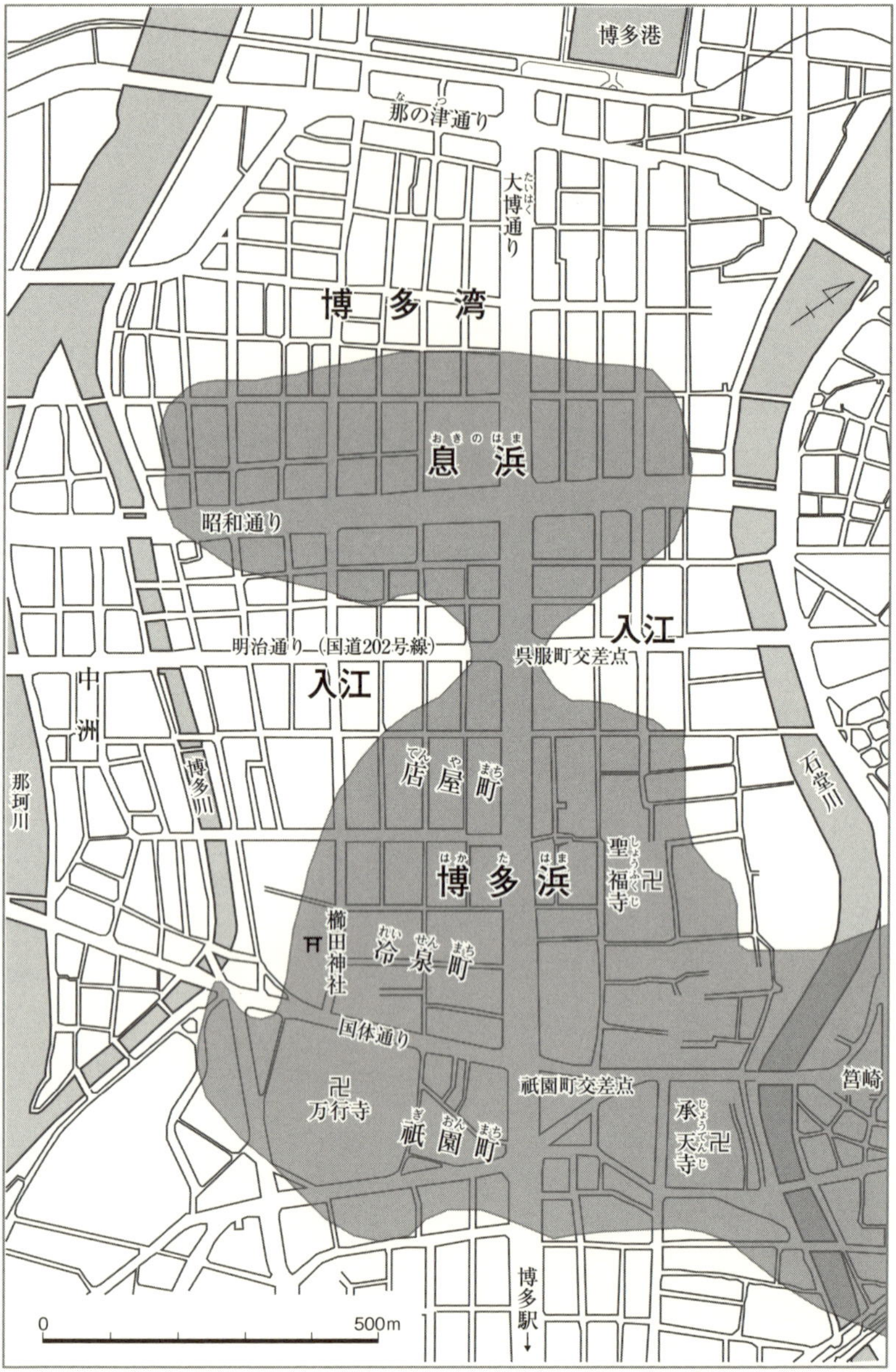

『福岡県史』より作図

師町上・鷹師町下・瓦町・立町浜・市小路浜・西町浜

途子流（一一町） 奥堂町上・奥堂町中・奥堂町下・櫛田前町・今熊町・普賢堂町上・普賢堂町下・桶屋町上・桶屋町下・赤間町上・赤間町下

ちなみに福岡と博多津を結ぶ中洲が一大歓楽街に変身するのは天保の頃である。福岡藩は芝居小屋、茶屋をつくり、相撲興行や富くじを行って、収入を増やそうとした。しかし、このおかげで福岡もんも博多んもんも中洲で一緒に飲んで遊ぶようになって、両都の垣根が少し低くなった。

博多商人

「博多津は商人の町で、九州で最も高級かつ裕福、万事、堺のようだった」

「いったん博多が暴徒の襲撃を受ければ、博多津市民は受けて立った」

宣教師たちが残しているように、博多は古くから国際商業都市として栄え、その歴史は千年におよび幾多の伝説的な商人を生んできた。なかでも博多豪商三傑といわれたのが神屋宗湛、島井宗室《しまいそうしつ》、大賀宗伯《おおがそうはく》である。

神屋宗湛

宗湛は天文二十二年（一五五三）博多に生まれ、字は貞清《さだきよ》といった。

商人たちが使っていた陶磁器

博多年行司出仕の図
（『筑前名所図絵』）

神屋家の始祖永富は明国寧波《ニンポー》との勘合貿易で巨万の富を築き、宗湛の祖父の寿貞も南洋貿易を手掛け、石見銀山や生野銀山も開発した傑物だった。しかし、父の紹策は、明国から南下した毛利と大友の戦火で博多津が焼き払われると宗湛を連れて唐津に避難した。唐津には海賊の松浦《まつら》党がいて貞清はアジアとの貿易で財をなした。天正十四年（一五八六）、京に上った貞清は大徳寺《だいとくじ》で得度し、宗湛と名乗った。宗湛は商売だけでなく、漢詩や茶道にも優れた文化人で、翌十五年正月三日、大坂城で行われた秀吉の大茶湯会に特別に招かれている。もちろん、朝鮮の役に際して、博多津町人の全面的な協力を得させる秀吉の思惑である。宗湛も承知で、秀吉が九州を平定し博多に戻るとポルトガルの軍船フスタ船に招待し、博多湾を周遊しながら博多の復興を働き掛けた。また、朝鮮の役にかかると、自ら名護屋に店を構え、軍需特需を一手にしている。しかし、秀吉の死後、関ヶ原の功績で黒田氏が筑前入りすると御用商人大賀宗伯にその座を奪われた。

宗湛の屋敷跡は旧奈良屋小学校になった。宗湛は『宗湛日記』を残していて、当時の博多津を知る貴重な資料となっている。

島井宗室

宗室は宗湛と並ぶ博多津の大商人だった。祖先は対馬の宗氏の家臣で、朝鮮相手の貿易やその拋銭（投資）で財をなし、武士から商人に転身して博多津に進出

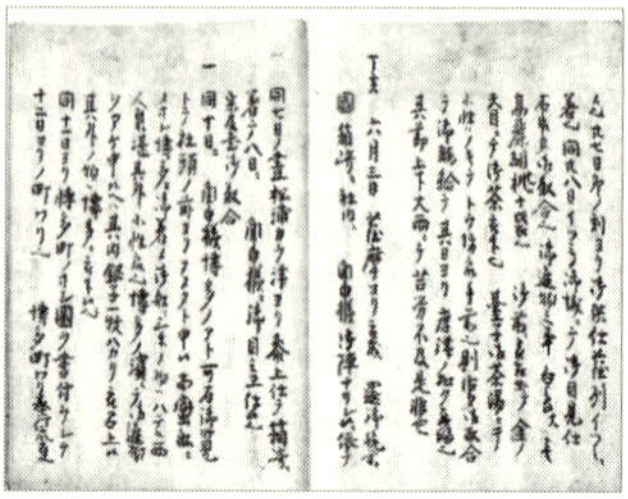
『宗湛日記』
（神屋家蔵）

神屋宗湛
（神屋家蔵）

島井宗室

した。宗室は博多津を支配していた大友宗麟《おおともそうりん》の誼《よしみ》を得て、特権的な朝鮮や南洋貿易で巨万の財をなした。宗湛と双璧をなす宗室だが、朝鮮と縁の深かった宗室は秀吉の文禄・慶長の役の出兵に反対し、和平に尽くしている。

大賀宗伯

宗湛と宗室が秀吉時代の政商なら、宗伯は黒田家をバックにした政商だった。元は豊後の大友傘下の豪族で、大友家の滅亡で商人となり、中津で黒田家の御用商人となった。宗伯は幕府から朱印状を受け、南洋貿易で富を得た。鎖国が始まっても長崎警備の福岡藩をバックに長崎の出店でオランダとの貿易を続けた。正保四年（一六四七）、ポルトガルの軍船が通商の復交を求めてきたが、そのさいポルトガル船を囲んだ福岡の警備の船が焼き打ちにかかろうとするさい、宗伯は商人の機転で一村の屋根わらを買収して、その屋根わらを提供した。面目を保った藩主忠之は、黒田家紋入りの陣羽織と五十人扶持を与え、大賀家を博多津商人筆頭とした。また、綱場町の敷地三〇〇〇坪の大賀家の豪邸に迎賓館を造らせ、自ら利用したり、幕府役人などの接待に使ったりしている。

大賀家は藩が与えた格式町人の最高位で、「両大賀」と賞され、大賀以外の商人は「大賀並」、「大賀次」とされていた。江戸時代中期から維新期にかけて博多一番の隆盛を誇った蠟屋の釜屋惣兵衛でも、その扱いは「大賀並」だったといわ

大賀宗伯
（大賀家蔵）

唐船が着く博多
（『筑前名所図絵』）

れるくらい、別格で権威があった。

伊藤小左衛門

薩摩や肥後が藩として御朱印船を運用したのに対し、福岡藩は朱印状を商人にとらせて、その運用益を得ていた。伊藤小左衛門は福岡藩の長崎御用を勤め、貿易や抛金で巨富を稼いだ。しかし、寛文二年（一六六二）八月、対馬の貿易商小茂田勘左衛門が密貿易を謀り、この荷の中に禁制の多数の武器があって密告を受けた。その船に抛銀《なげかね》していた小左衛門は同罪となり、十一月二十九日、小左衛門以下三七人が処刑され、首謀者の勘左衛門以下一八人が柳町浜辺で処刑され、手代ら二〇余人が比恵河原で磔となった。その他、小呂島、姫島への流罪が百数十人に上った。しかし、この事件で博多津の町人と福岡藩の間に亀裂ができた。幕府を恐れて、御用商人の伊藤家を助命しなかった藩を信頼しなくなったのである。そのため三代光之は厳罰にしたことを後々まで悔やんでいたという。近松《ちかまつ》門《もん》左衛《ざえ》門《もん》は、この悲劇を元に『博多小女郎浪枕』を書いて上演、大人気となった。

末次興善

博多商人の中にはキリシタンもいた。なかでも末次興善は「イエズス会」の記事にもたびたび出てくる著名なキリシタンで、キリシタン大名として著名だった

長崎港図（神戸市立博物館蔵）

秋月の黒田惣右衛門ミゲルに尽くして、秋月にも屋敷を構えていた。その屋敷にあったというキリシタン灯籠《どうろう》がいまも残っている。興善は博多津と長崎に店を構えたが、長崎の興善町はその屋敷跡である。二男の末次平蔵は長崎代官に取り立てられ、黒田氏就封後も貿易を担っていた。また、平蔵は、近松門左衛門の戯曲『国姓爺合戦』のモデルとして人気を博した台湾の英雄鄭成功《ていせいこう》と固いきずながあり、明の復興運動にかける鄭成功を助けたことで知られている。

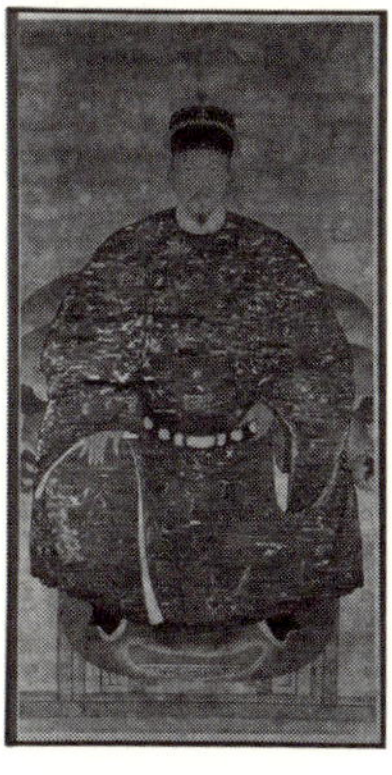
鄭成功
（鄭成功平戸記念館蔵）

千年の町の歴史を誇る博多商人たち

博多の櫛田《くしだ》神社に残る「博多店運上帳」によれば、幕末期の博多には一〇流、九八町、二二八〇店舗があり、代呂物（雑貨・荒物）問屋一六〇店、果物（柑橘）屋一二八店、櫨蝋屋一二六店、以下、志荷（振売）、綿弓（綿打ち直し）、搗き米（精米）、売薬、髪結、からし油板場（蠟・油製造）、鍛冶屋、魚屋、菓子屋、相物問屋（干物）、麹屋、小間物屋、船問屋、質屋、在郷問屋（村々を相手の商売）、豆腐屋、酒造業などとなっていた。運上銀（税金）の多かった流は、洲崎流、西町流、土居流、石堂流、洲崎町中、鰯《いわし》町流上・下で、鰯町など、運上金（納税）を申し出て、藩の財政担当を狂喜させたという。

博多には地元の商人のほかに、播磨以来の黒田家のお連れごし（御用達）もいた。有岡城で如水を助けた銀屋《しろがねや》新七も博多掛町で商家を営んでいる。

古くから商都として発展してきた博多には、はるか福岡藩草創以前に創業し、着実な経営で時代の波を乗り越え、発展し、いまに残る老舗も多い。

岩田屋・天神町

岩田屋の祖は大友宗麟の家臣で、安楽平《あらひら》城主（福岡市早良区入部）小田部《こたべ》鎮元《しずもと》の重臣中牟田《なかむた》紀伊守元正で、八代藤吉が呉服商紅屋に奉公、その実直さが認められ大工町の売薬商河野小右衛門の養子となった。明和元年（一七六四）、呉服商岩田屋平七から店を譲り受け、このとき中牟田姓に復した。岩田屋は発展を遂げ、「西の油屋、東の岩田屋」といわれた。昭和十一年（一九三六）、天神町にターミナルデパートを開店した。現在は伊勢丹と合併して岩田屋三越となっている。

フカヤ（深屋）・店屋町

フカヤは深屋と称し、屋号は魚釣り道具の行商から始まったことにちなんでいる。フカヤの舟木家の始祖は矢野和泉《いずみ》守といい、秀吉の家臣だった。和泉守は大坂夏の陣で戦死し、長門の舟木に落ちのびた嫡男が、舟木と名を変え筑前に流れ、粕屋郡席内（福津市）で漁をしながら、釣り道具の販売を思いついて商売の道に足を踏み入れた。商いは堅調で博多津洲崎新川端町下に店舗を構えた。現在は服

明治期の岩田屋呉服店

明治期の呉服町から千代方面を望む

飾・靴・喫茶などでフカヤグループを築いている。

福萬醤油・上久醤油・大名町

福萬醤油の白木家の祖は越前の朝倉義景で、朝倉が織田信長に敗れた後、白木と名乗り、子の忠右衛門が備前福岡へ逃れて、姫路の黒田氏の家臣栗山善助（利安）に仕えた。忠右衛門の嫡子甚右衛門が利安の娘をめとっている。利安が上座郡一万八千石を領し、志波の麻氏良城主となると甚右衛門は志波に住んだ。利安が没すると甚右衛門は殉死した。志波の円清寺には主従二人の墓が並んでいる。しかし、二代栗山大膳が黒田騒動で藩を追われ、孤児になった甚右衛門の嫡子太兵衛は親戚の楠屋で修業し、酒屋を開き、楠屋白木玄流と名乗った。

元禄十三年（一七〇〇）、屋号を柏屋に変更し、黒田家御用達となった。文政四年（一八二一）、味噌・醤油醸造を始めた。現在は販売のみとなっている。

大名町の上久《ジョーキュー》醤油は親戚で、安政二年（一八五五）の創業。博多の味を守る醤油だといわれ、多くの老舗割烹で使われている。

平助筆復古堂・春吉町

復古堂の祖は豊前河原田城主（中津市）前田左京太夫の後裔で、河原田五郎兵衛といった。秀吉の九州平定で敗れて浪人し、生活のために筆師になったが、天

福萬醤油

復古堂

分があったらしく、「筑紫筆」の名匠となっている。

文禄・慶長の役で名護屋に滞在した秀吉に献上の栄誉を受け、さらに四代平助の代に藩主黒田斉隆《なりたか》から御用筆の命を受け、「復古堂」の屋号を与えられ、新たなブランド「平助筆」が生まれ、現在も同社のブランドとして輝いている。

石村萬盛堂・須崎町

石村家は土居町中の町年寄を務めた大工頭・大工火消し頭取だった。ところが創業者の石村善太郎は大工を継がずに対馬の明石家で和菓子づくりを学んで、博多の銘菓となった「鶴の子」を開発し、明治二十八年（一八九五）、対馬小路に石村萬盛堂を開店した。その信条は「競争はするな、勉強せよ。特長を伸ばすのが大事、人のやっていないことをやる」だったが、その進取の伝統は受け継がれ、現社長の億悟はマシュマロデーを広め、洋菓子「ボンサンク」も展開している。

西村織物・中市小路

西村織物株式会社の祖は肥前松浦党の豪族だった西村増右衛門にさかのぼる。天正十五年、秀吉の博多復興と町割りに協力したことから博多との関係ができ、長崎に支店を設け、「長崎屋」の屋号で貿易に従事、糸割割符商となって、博多の西村屋は博多の織物株をもつ一二軒の織屋に絹糸を納めていた。しかし、幕末

石村萬盛堂

になると幕府が国産養蚕を奨励し、輸入が難しくなり、博多織の代表白水長左衛門に店主の儀平が弟子入りして、博多織を学び文久元年、中市小路に「織屋にしむら」を開き、現在は西村織物（株）として博多織を商っている。

松居・中洲

「松居・松居ぎゃらりい」を営む松居は近江商人の末裔である。近江から京都に出て成功した繊維問屋星久の松居久右衛門に発し、黒田家のお連れごしで、博多へ来た。産物まわし江州屋（上方や近江の産物を博多で売り、帰りの船で博多織を上方へ運んで売る）で身代を築いた。近江商人は郷党意識が強く、店員も近年に至るまで出身地の近江北五個荘龍田村から採用していたという。

石蔵屋・須崎町

石蔵屋と黒田家のつながりは播磨時代にさかのぼる。瀬戸内海を股にかけた海運業の初代利左衛門は、水軍を重視した黒田官兵衛との利害が一致して、戦国の世を二人三脚でのし上がってきた。播磨、中津、そして筑前までお連れごしとなり、博多の鰯町に本拠を構え、大問屋五人組（石蔵利左衛門、石見屋正兵衛、由岐屋甚右衛門、対馬屋五兵衛、五島屋利左衛門）の一人として勢威をふるった。とくに鯨油の取引で巨万の富を稼いだ。現在の石蔵屋酒造はその頃多角経営に打

石蔵屋の酒造場

って出たもので、その酒造場は美しい歴史的景観として現在では有形文化財に指定され「百年蔵」の愛称で親しまれている。

このような石蔵屋には文人墨客も多く、画聖仙崖《せんがい》もその一人だった。

幕末には「町勤王」と呼ばれた石蔵卯平があり、長州を追われ、福岡に逃れた高杉晋作《たかすぎしんさく》を密かにかくまったり、勤王志士の集会所にもなっていた。

このように商売だけでなく、政治や芸術など多感な感性をもった一族からは児島善三郎のような画家も輩出している。

時代を生き抜く博多商人の知恵

千年の歴史を誇る博多の商人は、店を存続させていくために、さまざまな知恵と工夫を家訓に残している。そのひとつに、子どもが生まれると、娘は残して、男子は、長男以外は養子に出して、跡継ぎや財産を巡る親族の争いを断ったという厳しい家訓を課している商家もあった。

商家にとって凡庸な息子は家運衰退のもとで、娘なら優秀な男を婿に迎え、さらなる家業発展が期待できたからであるという。商家には家を残すためには計算ずくの冷徹ともいえる厳しい掟があったことがうかがえる。

石蔵屋

② 祭りと博多っ子

博多津に祭りは欠かせない。町人パワーを見せつける男の祭り「博多祇園山笠」、軽快なリズムと華麗な踊りのパレードで日本一の祭りとなった「博多どんたく」は、博多町人が生み出した勇壮華麗な祭りである。

博多祇園山笠

博多といえば山笠といわれるくらい、山笠は博多を代表する男の祭りである。

博多では町の連合体を「流」といい、山笠には六流が繰り出した。六流は西流・福神流・恵比寿流・土居流・大黒流・東流が勇壮な山笠を舁《か》いた。

現在は福神流がなく、千代流・中洲流に上川端が飾り山を舁き、八流となっている。博多祇園山笠の起源は諸説あるが、仁治二年（一二四一）、承天《じょうてん》寺を開山した聖一国師《しょういちこくし》が疫病駆除のために施餓鬼棚《せがきだな》（供養の輿）に乗って博多の町に清水舁（祈禱水）をまいて流行り病を鎮めたのが山笠の始まりだとされている。

山笠は担ぐことを舁くという。現在のように山笠のスピードを競う追い山がはじまったのは貞享四年（一六八七）からだといわれている。

博多の総鎮守櫛田神社。山笠はここから博多の町へくりだす

「一番山をはじめ六本ともに、大乗寺前町に舁捧けもて行て、あけぼのに次第を守て、祇園の神前に一本ずつ舁すへ、祝い唄を謡う。それより祇園町を通り、東長寺門前へ据え、馬場新町より辻堂町に至り、承天寺門前へ据え、御供所町を通り、聖福寺門前に据え、須崎町・川端町・橋口町に至りて、各々その町に舁き帰る」。七七四年後のいまも変わらない山笠のコースである。

明治までは博多人形師が故事を題材に創った高さ一五メートルの飾り山を舁いていたが、現在では固定展示の高さ一〇メートルの飾り山一四流、男たちが担いで走る舁き山八流となっている。

「山笠が終わったときから、来年の山笠がはじまる」といわれるように、山笠は新年の「初寄り（新年総会）」からはじまる。六月に入ると当番法《はっ》被《ぴ》の期間中正装ともなる長法被が許され、博多の町では法被姿が見られるようになる。山笠を舁くときは丈の短い「水法被」になる。

山笠図屏風
（櫛田神社蔵）

七月に入ると博多の町は山笠一色に塗られる。新聞やテレビで「お汐井汲み取り」の記事が報道され、各流の当番町が、法被姿で高提灯を先頭に箱崎浜まで行って、清めの汐井（海砂）を持ち帰る。

これを終えると各流は、山笠の組み立てである「棒締め」を行い飾りのない台車だけの空山で「試し舁き」を行う。七月十日は「流舁き」である。この日から町内を山笠が廻り出す。十一日は、朝山・追善《ついぜん》山・他流舁き、と行事が続く。早朝、当番町の赤手拭（役員）と若手が各町を廻り、太鼓の音とともに「モーローロー」と叫びながら、朝山へ案内する。この日は祝儀山、縁起山と呼ばれ、流によって、白麻半纏《ばんてん》の年寄りや子どもが台上がりを許される。東流では還暦《かんれき》を迎えた者は赤の締込みに、赤色で「東」と染められた水法被を着用する。この日を追善山とする西流・恵比寿流・東流では、山笠に貢献して、前年に亡くなった故人の家を山笠で訪れ、追善する。十二日は、「追い山ならし」で、十五日の本番に備えて、午後三時五十九分、太鼓の合図で一番山笠が櫛田神社に舁きこまれ、本番さながらに博多の町を疾走する。十三日は「集団山笠見せ」で、昭和三十七年（一九六二）、福岡市の要請で中洲を越えて、福岡入りするようになった。この日は、八流を一堂にみることができるので、沿道は人の波であふれる。

二番須崎流（大黒流）（明治期）

汐井汲み

一流の舁き手は五〇〇人から一〇〇〇〇人、山男たちの「オッショイ、オッショイ」という掛け声と駆け抜ける足音が地響きとなって、真夏の暑さを吹き飛ばし、沿道の観客を圧倒する。そして十五日の本番を迎える。

七月十五日未明、山笠がスタートする櫛田神社の境内に設けられた桟敷には前夜から駆けつけた観客がいまかいまかとスタートを待っている。四時五十九分、櫛田神社に太鼓が鳴り響き、一番山笠が櫛田入りして、境内を一周し、祝いめでたを謡った後、神社の外に控えていた各流が、次々に神社入りして、五分ごとに廻り止めの須崎町へ、博多の街を走りだす。

重さ一トンの舁き山笠には車がない。山笠は五キロのコースを男たちが担いで走るのである。舁き手の中には東京や他県からこの日のために来た男たちもいる。福岡勤務中に山笠の熱さを知った「山のぼせ」たちである。

なかには七月一日から十五日まで、有給休暇を全部あてて参加するという、山のぼせも多い。博多祇園山笠は男たちを熱狂させる魅力があるのである。しかし、その山笠にはタブーがある。きゅうりと女はご法度なのである。きゅうりは切り口が櫛田神社の神紋に似ていることからで、博多のごりょんさん（商家の奥さん）は祭りの間、男たちに代わって商売をこなし、子どもや従業員の面倒を一手に引き受けている。実は山笠は、ごりょんさんの援けなしには成り立たないお祭りなのである。だから、山のぼせには愛妻家が多いと聞いている。

7月15日の追い山

松囃子と博多どんたく

博多祇園山笠が男の祭りなら、博多どんたくは「女の祭り」といえる。「ぼんちかわいやねんねしな」のリズムに乗って、踊り練り歩くどんたくは華やかに着飾った女性がよく似合う。毎年五月の三、四日に行われる。七月の博多祇園山笠、九月の放生会《ほうじょうえ》と合わせて博多の三大祭りだが、いまや参加団体は、遠くは仙台・東京・鹿児島からもあって、七一五団体三万三〇〇〇人におよび観客二四〇万人余（平成二十四年）の日本最大の祭りとして知られている。現在は日本全国からの参加がある「どんたく」だが、その起こりは博多松囃子《ばやし》（三福神・稚児《ちご》）と「通りもん」に由来するといわれている。

三福神を出す流は、福神流（魚町流）・恵比寿流（石堂流）・大黒流（須崎流）である。どんたくには傘鉾（古式・流・三本）、神馬とともに、子どもたちが「言い立て」という、福神は新築の地突き唄、恵比寿は新造船の祝い唄、大黒は田植え唄を歌いながら巡行する。この列に頭には茶色の頭巾《ずきん》、肩衣《かたぎぬ》、たっつけ袴《ばかま》に白足袋、杉下駄の男たちが随行する。

稚児行列は東流と西流が二年交代で行う。稚児は男児が烏帽子《えぼし》・直垂《ひたたれ》・太刀姿で言い立てながら舞姫を乗せた桟敷台を引く。舞姫は女児で、天冠《てんかん》・舞衣・緋《ひ》

博多どんたく
（福岡市提供）

博多どんたく
（福岡市提供）

袴《ばかま》に中啓《ちゅうけい》(扇)を持って、桟敷台に乗り、表敬の場では桟敷台を止めて、囃子方の太鼓・鉦《しょう》・笛と地謡「唐衣」にあわせて、稚児舞を踊る。

通りもんは、頭巾をかぶり、羽織を裏返しにして着て、たっつけ袴に、背には「預かり笹」を差し、「博多仁和加《にわか》」の面をかぶって、鉦・太鼓・三味線方とともにしゃもじを持って町内を練り歩く。

松囃子は「策彦和尚初度集」の天文八年(一五三九)正月六日に書かれたものが初出とされ、江戸時代になると藩主への表敬行事になった。この日は博多津町人がお城へ入れる唯一の日でもあった。

「博多松囃子振興会」(大村芳正会長)は、博多松囃子の起源を治承三年(一一七九)としている。これは博多の振興に力を貸した平重盛の遺徳をしのぶためにはじまったという貝原益軒の『筑前続風土記』に由来する。

博多松囃子は博多どんたくパレードの先頭を行き、馬に乗った福神、夫婦恵比寿、大黒さんに総勢六〇〇人にもなる稚児流が櫛田神社を発して、博多の流を「祝うたぁー」と祝福しながら、その訪れる先は一五〇カ所におよび、そのうち五〇カ所では手一本をいれる。訪問先には三福神や稚児のお土産があり、福神は唐団扇、恵比寿は釣竿に張子のタイと手拭い、大黒は米俵と小さな大黒面、稚児は小鼓を持参する。これに対して返礼の「一束一本」が返される。

松囃子

松囃子
(『筑前名所図絵』)

③ 国際都市が生んだ独特の文化

古代から海外に開いた博多津は、さまざまな国の人々が往来し、その影響を受けて独特の文化を生み出した。知の巨人貝原益軒、洒脱で自由な気風の絵を残した仙厓和尚。自由都市博多は流派や形式にとらわれない新しい文化の発祥地となった。

知の巨人・貝原益軒

貝原益軒《かいばらえきけん》は『女大学』『養生訓』をはじめとする江戸時代のベストセラー作家として、また教訓啓蒙作家として、あるいは晩年の『大疑録』に結実する独自性を持つ朱子《しゅし》学者として、さらには『大和本草』などの書で、日本における博物学の基礎を築いた科学者として、各方面に見逃せない足跡を残した（『福岡県史』）。

益軒は藩内だけでなく、京都・大和・河内・近江・越前・丹波・播磨・備前を旅行し、地誌的な紀行文学は、藩命で著した『筑前国続風土記』のほかに、知られているだけで三十余冊におよぶといわれている。しかも、多くは五十歳以降で、六十九歳のとき書家としても著名だった夫人の初とともに京都へ旅している。この頃の旅の交通手段はもっぱら自分の足で、益軒がいかに健脚であったかに驚か

貝原益軒
（個人蔵）

される。また、三代黒田光之の命で、黒田家の歴史をつづった『黒田家譜』を編纂している。益軒の本道は朱子学だが、著作の多くは実学で、その範囲は、礼法・制度・語法・医学・本草・博物・農芸・物産・名物・食品・衛生・律令・算法から音楽学におよび、人文、歴史、社会、健康、人生訓、自然におよんで、その博覧強記から、岡田武彦九州大学名誉教授は、シーボルトが益軒を東洋のアリストテレスと評したとしているが、益軒はまさに江戸時代を代表する「知の巨人」であったといえる。

人生五十年といわれたこの時代、八十四歳まで長生した益軒の老人訓は、

一、人生を楽しむ
二、気を養い、これを損なわないように注意する
三、病気にかからないように、日ごろから注意する

また、「平生、身体を堅固にして『気』を養っておいてこそ、有事大節に臨んで、必要な勇気をふるうことができるのである」と説いていた。

その益軒は六十九歳まで損軒といい、益軒は功成った晩年の名と言われる。

金印と亀井南冥

南冥《なんめい》は若くして朝鮮通信使との歌の応酬で名を挙げた。安永七年（一七七八）、

亀井南冥
（能古博物館蔵）

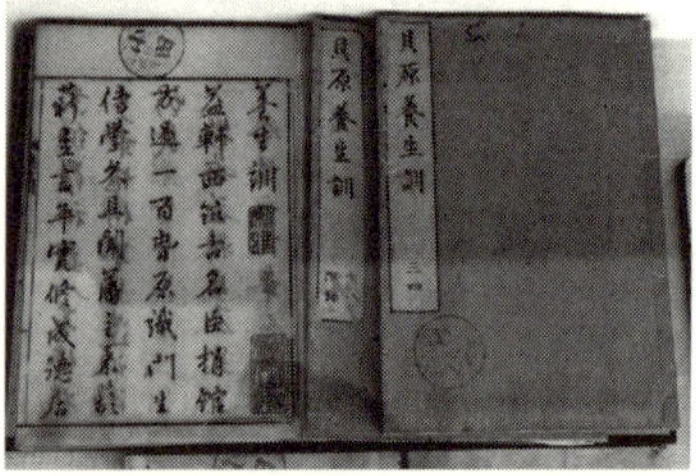

貝原益軒著『養生訓』
（九州大学附属図書館蔵）

一介の町医者から士分に取り立てられ、やがて藩主七代治之の侍講となり、その声望はひときわ高まった。その南冥は今日「金印」で知られる。

天明三年（一七八三）二月、博多湾の志賀島《しかのしま》の畑から「金印」が出土した。印には「漢委奴国王印」とあったが、南冥は、これを建武中元二年（五七）、後漢の光武帝《こうぶてい》が授与したものであると断じた。

南冥はこの十二月、唐人町の居宅に藩命で学問所「甘棠館《かんどうかん》」を開いたばかりで、福岡はおろか全国にその名が鳴り響き、諸藩からの入門者も多かった。

ところが寛政四年（一七九二）七月十一日、南冥は突如失脚した。その上、終身禁足を命じられた。これは幕府が藩学として朱子学以外を禁じた「朱子学一尊令」によるもので、一方、朱子学を本とする修猷館《しゅうゆうかん》とのあつれきも噂された。このころ諸藩の財政は破綻し、いずれも財政再建を迫られていたので、単に封建秩序を説く朱子学より、現実を見据える荻生徂徠《おぎゅうそらい》派の実学がもてはやされた。そのため幕府は実学の浸透が封建秩序の崩壊を招くことを恐れたのである。

寛政五年（一七九四）、南冥は藩の弾圧と苦境の中で『論語語由』を完成した。甘棠館は嫡男の昭陽が継いだが、寛政十年、唐人町の火災で甘棠館が類焼、しかも、藩はその再建を許さなかった。その後も南冥の不運は続いた。

文化三年（一八〇六）、『論語語由』が、秋月藩主黒田長舒によって、江戸で出版されたが、その長舒をこの十月に喪ったのである。

志賀で発見された金印
（福岡市博物館蔵）

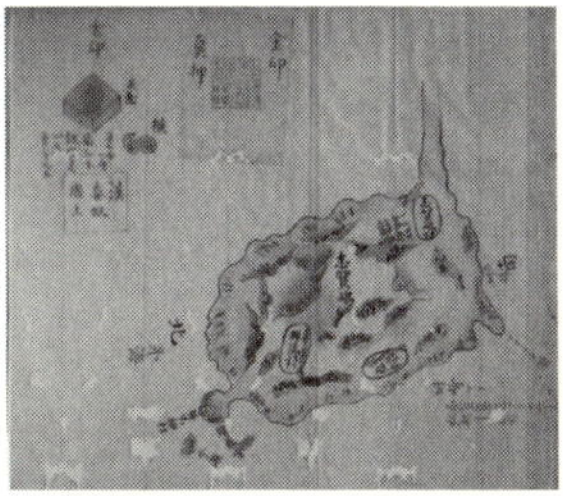

金印発見地図

南冥にはもう何も残されてはいなかった。ただ失意の日々を送った。

文化十一年三月二日、こんどは南冥が蟄居していた離れ屋が出火したが、南冥は覚悟していたらしく、端然としてその火炎に包まれて逝った。

仙崖和尚と洒脱な絵

仙崖は自由闊達な南画《なんが》の達人として知られる。

その軽快な筆さばきから生まれる絵はほのぼのとしていて、心を打たれるというよりは、思わず笑みがこぼれる洒脱な絵である。

歌も多く残しているが、それも政治や世の中を風刺した狂歌である。

そのひとつにこんな歌がある。博多津の豪商萬屋宗平が一筆と金にあかして頼んできたときに、さらさらとこう書いた。

おごるなよ、月の丸さも　ただ一夜

仙崖義梵《ぎぼん》は寛延三年（一七五〇）、美濃武儀郡武芸村（岐阜県関市武芸川町）の井藤甚八の二男として生まれた。宝暦十年（一七六〇）、十一歳で美濃清泰寺（美濃市）の空印円虚の下で出家、十九歳で武蔵東輝庵（横浜市）の月船禅彗に師事し

仙崖画（個人蔵）

た。臨済宗妙心寺派の禅僧である。その後、故郷の清泰寺の住持に推挙されたが、貧農の出だということで反対され、藩政を批判したこともあって美濃を追われた。このとき次のような痛烈な歌を詠んでいる。

からかさをひろげてみれば天が下
　身は濡るるとも蓑（美濃）は頼まじ

天明八年（一七八八）、三十九歳のとき京都に居た仙厓は月船門下の法兄で、太宰府戒壇院にいた太室玄昭《たいしつげんしょう》の推挙で博多聖福寺に招かれ、百二十二世盤谷紹適《ばんこくしょうてき》の後を継いで百二十三世住持となった。

しかし、仙厓は、背丈は矮小で、顔は四国猿の日干しと自ら言うほどの容姿だったので、迎えた小僧に乞食坊主と間違えられたという逸話がある。そのような仙厓は、どんなときにも黒麻の袈裟《けさ》で過ごした。本山妙心寺から二度も、臨済宗最高位の紫衣と本山の住持に推挙されたが、深く辞退している。

座禅して　人が仏になるならば

という一句の横に、座ったカエルの絵を添えたなど、修行心より、形式にこだ

仙厓が住持を務めた聖福寺（昭和初期）

仙厓
（個人蔵）

わる本山を笑いとばしている。権力や権威におもねず、慈愛に満ちた仙崖を博多の人々が愛さないわけがない。「仙崖さん」と親しまれ、慕われていた。

文化八年（一八一一）、聖福寺の法席を弟子の湛元東夷《たんげんとうい》に譲って、翌文化九年、塔頭幻住庵内の虚白院に隠棲し、画仙として余生を送った。

法席を退いたと知るとまた書画の依頼が引きもきらず、天保四年（一八三三）、

墨染めの袖の湊に筆捨て
　書きにし愧じをさらす波風

という歌を石に刻んで絶筆した。天保八年三月二十六日、八十八歳で逝去。

洋学を振興した十代斉清と十一代長溥

福岡藩の蘭学は記録によれば三信会原病院の祖、藩医原三信が長崎出島の蘭医アルバート・クローンに学び、貞享二年（一六八五）十月十八日付で、その免状を得たのが始まりだとされる。文政十年（一八二七）には鞍手の武谷元立《たけやげんりゅう》、宗像の百武万里《ひゃくたけばんり》、怡土《いと》の原田種彦らが長崎でシーボルトに学んでいる。

福岡藩でも蘭学が盛んになるのは、親子で蘭癖《らんぺき》大名といわれた十代斉清《なりきよ》とその

薫陶を受けた十一代長溥《ながひろ》による。幼い頃から学問に親しみ、西洋学にも目を開いた斉清は、測量学『独尺万里儀用法』西洋医学に基づく『脚気《かっけ》予防説』を著すほど蘭学に造詣が深かった。このように学者殿さまとして知られた斉清は、文政十一年、養子の長溥を伴い長崎警備巡視を行ったさい、シーボルトから父子ともども西洋医学や自然科学の教えを受けた。このときの問答を藩の蘭学者安部竜平が『下問雑載』にまとめている。

蘭癖大名として知られた実父島津重豪《しまづしげひで》の下で蘭学に親しみ、さらに養父斉清の教えを受けた長溥によって、福岡藩の蘭学はめざましくなる。

長溥は学問だけでなく、その実地応用も図った。

医療衛生問題に目を向け、いち早く種痘《しゅとう》を試み、河野禎造を長崎に留学させて蘭医学を学ばせ、土手町堀端に医学校を開いた。また長溥は藩の蘭学者永井青崖を通じて、勝海舟の蘭学研修を助けたことで知られている。

弘化四年（一八四七）には博多岡新地（中洲）に精煉所をつくり、児島伝平、磯野七平に鉄砲製造を、古川俊平に写真術、水野円助にガラス製造を研究させ、武器・ガラス・薬や時計の製造を行った。しかし、長溥の洋学導入は、中老加藤司書《ししょ》らが藩校修猷《しゅうゆう》館の教授らとともに「洋学排斥・攘夷《じょうい》」を掲げて反対し、藩全体に広がらなかった。

幕末の藩主だった黒田長溥は「蘭癖大名」といわれたぐらい開明的な大名だっ

黒田長溥

黒田斉清
（福岡市博物館蔵）

た。自身も学んだが、幕府の開明近代化策を受け、人材こそが明日の日本をつくると、藩士にも身分にこだわらずに学ぶ機会を与えた。

初めは、長崎留学だったが、慶応二年（一八六六）、幕府が海外渡航を自由化すると欧米に留学させている。ただ上士や中士は皆無で、その多くは下士だった。

彼らは明治の建国に欧米で学んだ知識で官民界に成果をもたらした。

赤星研造・二十四歳・オランダ留学・医学生／東大医学部教授
武谷椋山（原田俊三）・二十歳・オランダ留学・医学生
平賀磯三郎・四十二歳・アメリカ留学・ハーバード大
青木善平・二十九歳
井上六三郎・十六歳
船越慶次・十六歳
本間英吉・十六歳・アメリカ留学・マサチューセッツ工科大
松下嘉一郎・二十歳・スイス留学・法律・科学／第四代福岡市長

明治四年（一八七一）、長薄は長知をアメリカに留学させ、金子と団を随行させた。

金子堅太郎十九歳・ハーバード大・法科
団琢磨十四歳・ボストン工科大・鉱山学

福岡藩留学生

福岡藩留学生

福岡藩留学生

栗野慎一郎・ハーバード大・法科

金子と団はアメリカで小学校に入学して英語を学びなおした。金子は帰国後、伊藤博文に見いだされ、大日本帝国憲法草案にかかわり、団は鉱山学を学び、帰国後三井鉱山に入り、のちに三井合名会社理事長となった。

栗野は二人に遅れて留学し、日露戦争時の外交官として活躍した。

藩校修猷館

天明三年（一七八三）六月二十四日、第九代藩主斉隆《なりたか》が、藩儒竹田定良《たけださだよし》、藩医亀井南冥に藩校の創建を命じた。竹田は修猷館、亀井は甘棠館を開設した。

二つの藩校は東西学問所といわれたが、実学中心の甘棠館は、寛政四年（一七九二）、幕府の「朱子学一尊令」で藩校を解かれ、朱子学を本とする修猷館が唯一の藩校となった。修猷館は城の正面、上之橋前にあり、藩士の次男・三男以下の子弟は、十一歳になると修猷館に入学させた。総請持は儒家の竹田定夫、教師は請持本役《うけもち》一二人、加勢役一二人、加勢見習い七人だった。学生数は三〇〇人ほどで、学科は次のようになっていた。

一、素読定業　大学・論語・孟子・中庸・易経・詩経・書経・小学

福岡城上之橋

平賀磯三郎

二、南廂定業　小学・史記・王代一覧
三、土圭間諸生定業　大学・孟子・論語・十八史略・忠考応試・左伝勝手次第・網目・皇朝史略・大学桁義
四、準北寮生定業　中庸・詩経・書経・国語・温公通鑑・日本史
五、北寮生定業　古今名儒・和漢歴史

父、竹田定夫の後を継いだ定簡は右に「黒田家譜・日本書紀・古事記・儀式令義解・職原抄・藩翰譜・関原軍大成・常山紀談・良将達徳抄」を加えた。

しかし、学科は封建体制に即応した科目で、真理を探究する学問や算学・自然科学・社会学など数理系はまったくなかった。

士分は算法（数学）を卑賤の学としてさげすみ、洋学はもってのほかだったのである。

さらに、攘夷派のリーダーで中老の加藤司書《ししょ》が修猷館担当の右筆詰用人となると、洋学導入を勧める長溥について「殿さまは愚昧《ぐまい》（おろか）だから」と、総請持竹田定簡と共に長溥の洋学重視を無視するかのように国学に傾倒していった。

修猷館扁額
（福岡県立修猷館高等学校蔵）

竹田定簡

④ 天下の名声を博した高取焼

文禄・慶長の役で筑前に連れてこられた朝鮮人陶工が紡ぎだした陶器は、肥前有田焼とは異なる焼き物の世界を創りだした。藩窯となったものの二代忠之から追われ、苦難の道のなかで生み出した作品は天下の名声を博するところとなった。

高取焼

朝倉市杷木から民陶の里小石原（東峰村）に入ると窯元が並ぶ皿山の奥にかやぶきの「高取《たかとり》焼《やき》八仙《はっせん》窯」のたたずまいが見える。四百十三年の歴史を誇る高取宗家の窯元である。現在も作陶が続けられている高取焼だが、その窯はそれまで転々としてきたのだという。高取焼の陶祖八仙は文禄・慶長の役のさい、かの地から連れられて来た朝鮮人陶工で、慶長七年（一六〇二）、永満寺（直方市）に窯を開き、高取八蔵《はちぞう》の名を与えられた。その後、内《うち》ケ《が》磯《そ》（同市）に窯を開いた。ところが朝鮮への帰国を願い出たことから二代忠之の勘気にふれ、内ケ磯窯を追われて、嘉麻郡山田村（山田市）に蟄居を命じられ、苦難の日々を送る中で山田窯を開いた。神屋宗湛が藩主忠之に脅し取られたという「博多文淋」は、山田窯の

高取焼八仙窯

作である。

寛永七年（一六三〇）、帰参を許された八仙親子は京都に出て、小堀遠州《こぼりえんしゅう》の指導を受けて作陶の腕を磨き、帰国すると白旗《しらはた》窯（飯塚市）を開いた。

寛文五年（一六六五）、上座郡小石原《こいしわら》村（東峰村）に窯を移転した。

貞享二年（一六八五）、四代綱政《つなまさ》のとき、藩命で福岡藩御用陶工となった。そこで小石原から福岡へ出て、城南田島の大鋸谷に御用窯を開いた。

享保元年（一七一六）、東皿山に移転して東皿山窯（福岡市）を開き、その後明治四年（一八七一）まで百五十年間を福岡藩の御用窯として作陶している。

高取焼が歴史に登場するのは、寛永五年四月二十三日の小堀遠州の茶会記に「茶入り筑前焼」とされているものだといわれる。そして、その後、高取焼は「遠州高取」と評され、茶器として好事家の間で珍重され、遠州好みの「遠州七窯」と評された。

小石原焼と須恵焼

高取焼のある小石原は民陶の里である。現在五〇軒余の窯元が軒を連ね、主に生活雑器をつくっている。小石原焼の起こりは天和二年（一六八二）、三代光之が肥前伊万里焼の陶工を招いてつくったのが始まりとされている。

高取焼手付鉢
（『福岡県史』より）

高取焼水差
（『福岡県史』より）

小石原焼は、当初は中野上に在ったところから中野焼と呼ばれていたが、昭和の頃から地元の名前で「小石原焼」と呼ばれるようになったのだという。

小石原焼は、刷毛目・とびカンナ・櫛描きなどによって描かれる幾何学的な文様と釉薬ながしの色合いが特徴で、民陶らしいぬくもりのある陶器が人気を呼んでいる。毎年、五月三・四・五日、十月の十日前後三日間にわたって開かれる「民陶祭」は十万余の人が訪れてにぎわう。

福岡藩最大の窯元には須恵焼があり、十代藩主斉清が皿山奉行を置いて事業化した。四一窯、水碓《すいい》六五所、陶工、画工などが二五戸あった。

十一代長溥は高取焼や博多人形の陶工や絵師をはじめ、肥前や京都からも職人を集めて須恵焼窯を一大産地となし、精緻な染付文様の高級磁器をつくりだしたが、明治四年（一八七一）、藩体制の崩壊とともに須恵焼も終焉している。

小石原焼

小石原焼の里

これも福岡

在郷一の商都甘木宿

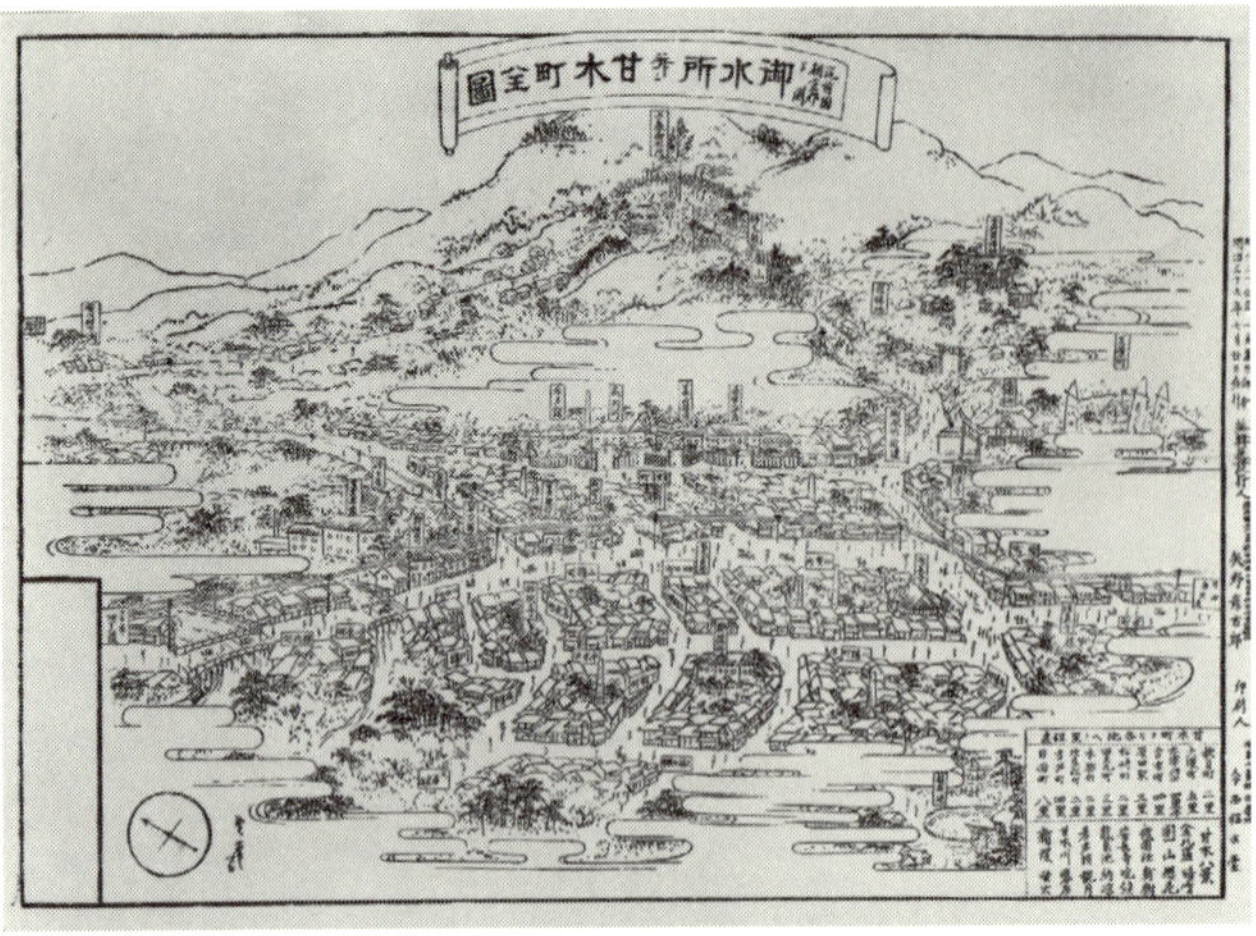

甘木市街図（甘木歴史資料館蔵）

日田街道の甘木宿（朝倉市）は上座・下座郡随一の商都として栄えた。

元々は甘木山安長寺の門前町だったが、徳川の世となり、太平が続くと筑後と豊前を結ぶ秋月街道、福岡と日田《ひた》を結ぶ日田街道が十字に交わる交通の要所として人やモノの集散地として往来が多くなり、宿駅から商都へ発展した。

福岡藩は二代忠之のとき、秋月五万石を分藩したが、甘木は飛び地として残している。在郷豪商が多かった甘木は秋月藩にとっても財政上重要な町だった。

「急場当時の御銀用は、甘木銀主申し合わせ、折々御用達いたし候」とあり、甘木の豪商遠藤家や平井家、藤井家、佐野家に借銀を依存していた。

なかでも幕末には藩随一の豪商となった佐野屋弥平が福岡藩に蒸気船環瀛《かんえい》丸を献上し、さらに一万四〇〇〇両を献納して永代七十人扶持を許された。

佐野屋弥平（前列中央）
（佐野家蔵）

博多の豪商は二、三人扶持ほどで、弥平の資力は他の商人を圧倒していた。

甘木の町の規模は『筑前国風土記』で、「国中にて、民家多きこと、早良郡姪浜に次げり」と記され、町数一五町、戸数五二三軒、人口三三七七人だった。

毎月、「九度市」が立ち、筑前筑後・肥前肥後・豊前豊後から商人や近在の農民が産物を商ったとある。主要街道なので山領町に御茶屋が置かれ、参勤途中の肥後の熊本藩や柳川の立花藩が利用していた。

第五章 筑前の豊かな海と大地

玄界灘の豊饒な海が生む海産物、農業にくわえ石炭などの地下資源にも恵まれた。

諏訪神社絵馬（福津市）

1

肥沃な大地を活かせない農政

肥沃な大地に恵まれながら、長政は福岡城や城下町建設に追われ、二代忠之は幕府の手伝い普請に傾注して如水の遺言を活かせなかった。荒廃した農村や走り百姓に悩んだ六代継高は藩内の農村を五地区に分け、五奉行制できめ細かい対策をなし、農村の復興に挑んだ。

農民の定着に苦労する福岡藩

長政は筑前に就封後、居城と城下町を新たに構えることになり、農民はその建設の夫役《ふやく》に駆り出され、肥沃な農地がありながら農作がおろそかになり、田畑は荒れ、肥前や豊前領などに逃散する農民が多かった。三公七民にしても農民は戻らなかったというので、その頃の農村の疲弊の窮状が推測できる。

しかし、二代忠之も徳川に忠誠を尽くすあまり、農政がおろそかになった。

その後も、風水害や干ばつなどの災害が起こるたびに耕作地が荒れ果て、農民の逃散が相次いで、福岡藩の農政は農民の定着に追われた。

そこで福岡藩は苦肉の策として、福岡藩内の走り（移住）は認めることにしたのだという。

津屋崎の農作業
（椿八幡宮絵馬〈穂波町〉）

福岡藩の農政は藩の収入となる蔵入り地と重臣を中心とした知行地におかれた。知行地の管理は知行地の領主である給人《きゅうにん》だが、承応三年（一六五四）以降、天候不順や虫害などの凶作が打ち続き、それにともない飢餓が発生していた。

これには給人が収穫を増やす新田開発には熱心でも、知行地の保全に関与せず、給地が衰退していったことがあった。とくに増えていく新田に要する水の確保が考えられていなかった。寛文期から元禄初期にかけて、開発された五万石余の水田が、用水の確保ができずに荒れ地になったという現実があった。

そこで藩は給地の支配に乗り出し、総合的な農業対策に取り組んだ。

寛文四年（一六六四）、家老吉田栄年は領内を巡見して、数百カ所のため池を設け、干ばつに備える農業用水と水田に要する水や水路の整備を図った。

また、建築材や家庭の燃料として木材を勝手に切り出すことを禁止し、一方、裸の山に変わって荒れ果てた山に植林して、水源の復元を図った。

新田の開拓については農民に奨励したが、原野や低湿地などの大規模開拓は藩が行った。那珂郡春日原、糟屋郡新原、志摩郡などで新田開発を行っている。

また、米の主要な生産地である遠賀川流域では、元和七年（一六二一）、家老栗山大膳の指揮の下、洪水対策と用水確保のために大規模な堀川開削工事を始めた。これは洞海湾《どうかいわん》の干拓と干拓地の用水確保のためので、大膳堀と呼ばれた。

明治時代の遠賀川寿命の堀川

明治時代の唐戸付近の運河

宝暦・明和の改革と五郡奉行制

宝暦十二年（一七六二）十月二十日、福岡藩は領内を十万石ごとに分け、五郡奉行をおき、郡奉行が直接農村を支配する機構に改めた。この中で重要視されていたのが遠賀川流域の「東四郡」だった。遠賀・鞍手・嘉麻・穂波の四郡で、この地区の年貢米は遠賀川の水運を利用して若松に運ばれ、若松から大坂へ運ばれる重要産地だった。次に重視されたのが福岡に近い那珂・夜須・席田・御笠で、この地区の米は藩士の給米となった。また、藩は三カ年廻りの春免制★をやめ、永年季の定免制を採用して、領内農村の年貢米を高率で固定した。

その上、職制の合理化を図って、それまで郡代や郡方役人が行っていた役割を大庄屋・庄屋に担わせた。そのため庄屋層はそれまでと比較にならないような地域の政治的・経済的な力を持つようになっていき、農村は階層分化が進んでいった。一方、年貢米の固定化は、農民にとって負担となり、農村は疲弊して行き、年貢に耐えかねた「走り百姓」を多く生み出すことになった。農作人口が減れば、田畑が荒れ、農業生産も低下するという悪循環を生みだしたのである。怡土《いと》郡井原村では戸数六四六軒のうち、つぶれ百姓が一三二軒にもなった。

五郡奉行制以前は、農村支配は郡方役人や郡代など、農村を廻って農事の経験

▼春免制
春に作付をした稲作の秋の収穫を予測して年貢を定めること。

遠賀川流域・飯塚の穀倉地帯

を積み、気候や虫害などの発生によって生産の出来不出来を知る役人がいたが、五郡奉行制では農村の事情や農業の事情を知らずに、奉行に就任する者が多くなり、年貢の収奪も機械的になっていって、農民の不満を醸成し、農村を荒れさせていった。これに気づいた藩は、文化十二年（一八一五）、それまでの五郡奉行制と定免制を廃して、抜本的な農業対策を図った。これはそれまでの農業政策が年貢収奪に置かれていたのに対し、「疲弊した農村を救済し、本百姓体制を維持・再建する」ことに力を注ぐようにしたのである。（『福岡県史』）

夫役と納物

現代のように機械化やトラックなどの運搬手段がない江戸時代、あらゆる作業や建設工事は人手によった。その労役の多くに駆り出されるのは農民である。

これらの夫役には十五歳から六十歳までの者たちが従事した。しかし、この夫役には、「夫銭仕組」といい、出夫する代わりに代銭を収めることもできた。

夫役には村内の工事にかかわる「村夫」と郡全体にかかわる「郡夫」があった。ただ大工工事や石工事などのように専門技術を必要とする場合は、大工や石工に賃金を払って発注しなければならなかった。

福岡藩での農業面における大規模工事は遠賀川流域の水害対策と水利工事で、

遠賀川流域の米や産物を若松湊に運んだ五平太舟

水運・治水・水利のために運河開削工事が行われ、「小百姓を主とする農民数の増加、分村や新田村取り立てによる村落の増加」を呼んでいる。

夫役には作業道具持参や遅刻者への罰則、組や村全体に対する連帯責任や杭など工事に必要な竹木・葉笹などの切りだしについても細かな規定があった。

夫役は農業に関するばかりでなく、宿駅交通・運搬・山方夫役などがあったが、知行領主や村役・郡役などの恣意的夫役が行われないように規制・指揮・監督が「作法書」などで規定された。

夫役は農業に必要な場合でも、農作業を妨げないように農閑期に行い、やむを得ない農作業以外の夫役には「粮米《ろうまい》」が手当として支給されている。

農民が藩に納める年貢は米や雑穀などであったが、そのほかにもさまざまなものが要求されている。とくに地頭（知行領主）にその傾向が多かった。

「一村の内には地頭が五人も一〇人もあり、地頭には知行所の百姓は、年末・五節句《ごせっく》に物品を納めざるべからず。年末には門松、栗箸、もちつき棒など持参し、年男として掃除などにも行く。三月にはヨモギ、田螺など持参す。その上留守居が門松などに苦情をいうことあり」（篠栗村・藤金作の思い出）

そのほか、筵・かます・橙一〇個・栗笹（栗笹団子を包む笹）一把・縄三〇尋・ゆずりは一把・花橘五〇本・もちつき杵一五本・すす掃竹・茄子一〇〇個・瓜一〇〇個・柿八〇個・梨八〇個・枝豆八〇束・菖蒲・かや・稲穂・枝松などとあ

朝倉の農村
（福成神社絵馬）

天保の飯塚
（『飯塚市史』）

り、正月や節句の飾りにした。

藩内の水対策

上座郡朝倉の山田井堰《せき》は、福岡藩が筑後川から取水するためにつくった。人工の堀川は古毛村や菱野村など下座郡城力村まで九カ村の一五〇ヘクタールの水田を潤した。しかし、さらに新田が開拓されると水不足となり、下流の長渕村や余名持村・中村などは干ばつにあえいでいた。寛文二年（一六六二）、大庭村の庄屋古賀百工は新堀川と山田井堰の大改修を計画し、福岡藩に申請、下流域念願の大工事が始まった。寛政二年（一七九〇）、大改修が完成し、再び豊かな水が堀川に流れ込み、流域四八七ヘクタールの水田を潤した。

菱野村では、今も三連水車が堀川から周辺の水田に水を送り続けている。

下座郡の蜷城《ひなしろ》・福田村は川向うの久留米藩が恵理井堰・床《とこ》島《しま》井堰をつくったために、筑後川の川じりが塞がれ、筑後川に流れ込む桂川・佐田川・小石原川などの支流が逆流して湿

山田井堰

地化し、雨季になると一帯は水没するありさまだった。

水田はあっても農作ができず、貧窮にあえぐ村々の現状を憂いた長田村の庄屋松岡九郎次は、上座郡菱野村の庄屋大内弥平と同じような被害を被っている筑後領の三井郡本郷・千原村などの庄屋に協力をあおぎ、文政八年（一八二五）、全長五キロにおよぶ排水工事に着手した。まず、桂川右岸の下長田に鉄製水門付き第一暗渠《あんきょ》を築いて西へ水路を引き、次に久留米領床島で佐田川の下に第二暗渠を掘って横断して佐田川に並行して流した。さらに小石原川の支流二又川を床島用水の下を暗渠でくぐらせ、下流に流し、西原村で小石原川に合流させた。こうして水害に悩まされた下座郡福田村、筑後領大堰村は二〇〇ヘクタールの田畑がよみがえった。（『広報あさくら』）

文政九年、現地を視察した藩主黒田斉清《なりきよ》は、九郎次を表彰して士分に取り立てるとしたが、九郎次は、これを深く辞した。実は、工事はこれだけに終わらなかったのである。九郎次の後は子の九平が改修とその維持に力を注ぎ、その婿の九一郎が後を継いで、松岡家三代にわたって、地域に尽くした。

遠賀川流域は福岡藩の重要な米産地だった。ところが中流域の片島・幸袋・柳橋・目尾・中の庄の五カ村は一〇三ヘクタールの水田と九〇ヘクタールの畑がありながら、田畑が遠賀川の水面より高く水不足に悩んでいた。

中の庄の大庄屋清水宅右衛門が上流の穂波側からの堀川掘削を考え、五カ村の

松岡九一郎（左）、松岡九平
（松岡家蔵）

松岡九郎次
（松岡家蔵）

庄屋の協力を得て郡奉行に願い出た。しかし、資金に悩み、その間も災害に襲われ、天保六年（一八三五）、ようやく着工した。天保九年五月、完成した堀川の通水式に、もし水が流れなければ切腹もと覚悟した五庄屋だったが、水門を開けると勢いよく水がほとばしり出て、一気に全長七・五キロの水路へ流れ込み、周辺の水田を潤していった。（『嘉穂郡誌』）

御笠川流域の博多平野は広大な平地がありながら、満潮時には博多湾からの海水に覆われ、その土地は塩分に侵され水稲作ができなかった。

吉塚村の庄屋豊田徳作は、御笠川の水を那珂川の番托井手から取水して、博多平野に真水を入れ塩分を除去することを考え、明和四年（一七六七）、藩庁に願い出たがなかなか許可されなかった。しかし、名君継高が知るところとなって着工できた。御笠川に設けたのが金井井堰で、二年後の明和六年に完成した。広大な荒れ野は美田となり、新たな村々が生まれた。

藩内の農産物加工品と石炭

農産物加工品は福岡・博多津の大消費地を控えた那珂郡や早良郡に集中していた。一位・酒、産地は那珂・早良・遠賀・御笠・夜須郡。二位・生蠟、産地は筑豊・那珂・朝倉郡。三位・織物は博多津・甘木、四位・種油は那珂郡の生産が多

文化５年以来の朝倉の三連水車

金井井堰

く、生産技術にも優れ、他の地域から原料を仕入れ、加工するほどだった。

　これらの産物について、寛政八年（一七九六）、専売制を実施、酒造仕組、製塩仕組、鶏卵仕組、石炭仕組、櫨実蠟仕組を設けて、特産物を保護した。

　福岡藩の産物で特異な産物は焚石《たきいし》（石炭《せきたん》）である。焚石が採掘され、燃料として知られるようになったのは戦国時代だという。主な産地は筑豊・糟屋・上座郡宝珠山などだった。福岡に近い産地には姪浜もあった。粕屋町には「狸掘り」といわれた露天掘りもあった。焚石採掘の現場は「石丁場」といわれ、農閑期の仕事になった。「表糟屋郡明細帳」には、農閑期に男たちが福岡城下や博多の町に石炭売りに出たとある。焚石は五平太舟で遠賀川を下り芦屋の石炭会所に集められ、若松から瀬戸内や大坂へ送られた。焚石船は二一一〇艘あった。

　石炭《せきたん》は、掘り出したままの物は焚石といい、一度焼いて煙や悪臭が出ないように加工したコークスは石炭（いしずみ）といった。焚石は重量、いしずみは容量（俵）単位で販売された。焚石は製塩用などの業務用、いしずみは家庭の燃料に使われた。このように石炭が燃料として売買されるようになったのは享保期（一七一六〜三六）に入ってからのことである。

　寛政二年（一七九〇）、福岡藩は石炭《いしずみ》の高騰に頭を悩まし、石炭《いしずみ》仕組をつくって、価格を一石八〇文に定めた。しかし、時価一〇〇文の石炭を藩の定めた価格で売る農民はいなかった。価格に厳しい中・下級武士の住む地行・鳥飼・薬院などは

明治初期の石炭の狸掘り

石炭を使う農家
（『江漢西遊日記』）

敬遠されて、石炭《いしずみ》売りが来なかったという。

　初めは産地周辺の自家用で使われていた焚石が一般に売れるようになると事業化する者も出てきた。嘉麻郡立岩村の庄屋麻生太吉は早くから焚石に目をつけ、焚石丁場経営（石炭《せきたん》開発）に乗り出し、明治の鉱山開放策に乗って、炭鉱王の異名をとった。量産につれ中国四国そして大阪にも運んだ。

　石炭とともに新しい産業となったのが製塩である。筑前の海岸沿いでは海水を利用して塩がつくられていたが、寛保三年（一七四三）、福岡藩は讃岐津田浦（香川県寒田郡）出身の大社元七を招いて、大規模な塩田を開発した。

　元七は延享元年（一七四三）、讃岐から妻子と一族を呼び寄せ、福間浦の庄村半次郎の協力を得て、さらに塩田を拓き、津屋崎の塩田は明治末期まで続いた。

　はじめ、津屋崎の塩の販売や輸送は博多や福岡の問屋を介していたが、直接販売するようになり、その輸送のために海運業の発展も促すことになった。

明治末まであった津屋崎の塩田

②

豊饒の海と活発な廻船

「魚の宝庫」玄界灘に面しながら福岡藩の浦々の漁業は活発とはいえなかった。玄界灘は海が荒く、小舟では沖合での漁業が困難だった。一方、瀬戸内海と日本海への海運ルートがある廻船は活発で、日本の海運を一手に担っていた時期もあった。

浦と漁村

玄界灘に面した福岡藩の浦々は軍港・商業港の性格を持つ浦と漁村があった。なかでも宗像郡の福間浦、裏糟屋郡の箱崎浦・奈多浦、早良郡の姪浜浦、志摩郡の芥屋浦などのように大きい浦を持つ漁村があった。

浦方奉行は二百石だった。浦の総戸数は四〇〇〇戸、人口一万六〇〇〇人だったので、二五万人の農民を支配する郡奉行（千石）とは比べようもなかった。ちなみに福岡・博多津の町民三万五〇〇〇人を支配する町奉行は六百石だった。それにしても異国船の接近、対岸の朝鮮漁民の漂流、朝鮮通信使の警護などの重要性と比べると浦方の規模は小さすぎるように思える。

浦方の仕事は、まず、遠見番所（海上見張り）、灯籠堂《とうろう》（燈台）管理、流人の

津屋崎千軒といわれた街並み

監視など海上警備と浦々の支配である。浦にはその規模によって浦大庄屋・組頭・組頭取・山ノ口（防風林管理）をおき、それらを束ねる浦大庄屋をおいた。浦には浦商人や海運業者もいたが、多くは漁民である。そのために漁場は浦の共同所有だった。たとえば博多湾には姪浜・福岡・博多・箱崎の浦が漁場を持っていて、他の浦からの漁や新規参入はできなかった。

しかし、海域や潮の流れの変化によって、漁場をめぐる争いが絶えなかった。

「魚の宝庫玄界灘」といわれ、博多津は昔から新鮮な魚の美味い町として知られるが、「漁業資源が豊富だからといって、漁業が盛んであるとは必ずしもいえない」という。「島嶼《とうしょ》などは耕地に恵まれないために、食料の確保が重視され、漁業が発達しなかった」（『福岡県史』）といわれる。玄界灘は魚類が多かったが、波が荒く、当時の小船では漁業が難しかったこともあるが、福岡では網漁が多く、釣り漁が少なかったのも原因だともいわれている。

冷蔵・冷凍設備や高速運搬手段がなかった当時では、鮮魚の流通が難しく、大規模漁業を困難にしていたこともあるようだ。その中で大規模漁獲を目指したのは鰯《いわし》漁である。実は、鮮度が落ちやすい鰯は食用というより、干鰯《ほしか》にして肥料として大坂へ出荷していた。鰯漁は網漁だが、網は高価で漁船数艘分に匹敵し、鰯漁自体も多くの人手を要したので、ここから漁業の組織化と資本化が始まり、網元制度が生まれていったのだという。

鯛網漁（『福岡県史』）

地引網（『福岡県史』）

明治十一年（一八七八）の『福岡県漁業誌』には江戸時代から伝わる漁法や漁具、漁獲された魚貝の種類が克明に描かれ、カラー刷りで掲載されている。従来地方の産業史は神社の絵馬などに、その実像を探るしかなかったが、この漁業誌は、当時の漁業の実態を知る唯一ともいえる史料である。

漁は二、三隻の船から一二隻、五〇人ほどの漁民で行う鰺漁まで、天候、時刻、海の深さ、海底の状況、潮どきまで、さまざまな漁法が掲載されている。漁は海の漁だけでなく、川の漁や干潟の漁まで描かれ、得られる魚の種類やさまざまな海産物までカラーで描かれた貴重な史料である。

農民に年貢があるように浦にも賦課があった。まず、漁船や荷船に御采銀《ごさいぎん》（漁獲物の現物納税）、浦商人への運上銀、船荷にかける荷運上などにくわえ、夫役の水夫《かこ》役があった。また鯛やアワビなどの漁獲物の現物年貢もあったようである。

水夫は、二年ごとの長崎警備や参勤交代のさいの御座船《ござぶね》の漕ぎ手となり、ときには朝鮮通信使の警備・随行船の漕ぎ手や外国船の侵入・漂流などの緊急出動に駆り出されることもあったが、漁民にとっては多大な負担となった。

福岡藩では六百石以上の船を廻船、それ以下を商船とし、漁船は小船とした。大船は博多津が一三二隻、早良郡が八三隻で、これらの浦は商業港だった。もっとも博多津は小船も一九〇艘で、大消費地を抱えて漁民も多かった。

漁船が多いのは志摩郡三二二艘、宗像郡二九三艘、粕屋郡一二八艘などで、こ

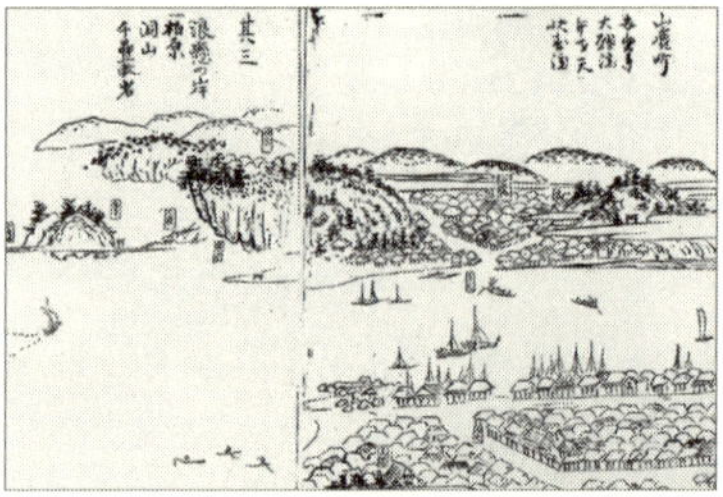
舟が行き交う山鹿湊
（『筑前名所図絵』）

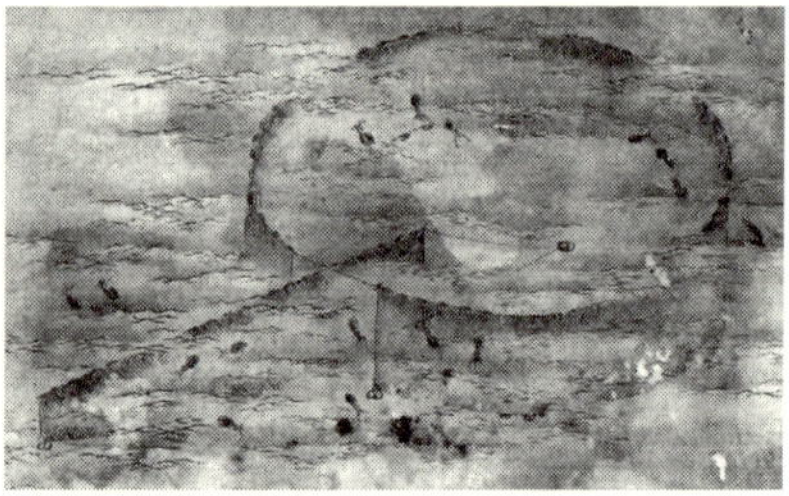
いか曲網漁（『福岡県漁業誌』より）

れらの浦は漁業が主たる産業だった。

浦々では漁貝をとって生計を立てていたが、米や麦まで自給できる浦は少なかった。浦では鮮魚をはじめとした海産物を近隣に売り歩き、米や麦と交換した。

これらの浦商人を「振売商人」とか「志荷《しか》商人」といい、「おしかさん」と親しまれた。福岡藩浦方の記録によれば浦の志荷商人は五〇〇〇人ほどだった。志荷商人は海産物だけでなく、顧客の求めに応じて商品を増やして茶・タバコ・油・灯心や文具なども売った。志荷商人は認可制で、浦方から鑑札「志荷札」を受けなければならなかったが、その費用は銀五匁から八匁した。

鰯町は自ら運上銀を申し出て、藩財政のやりくりに四苦八苦していた勘定方を狂喜させた。慶応二年（一八六六）の運上銀は一万五九〇九匁におよび、博多津一番だった。通りには相物（鮮魚）問屋が軒を並べ、船問屋の石蔵屋、対馬屋、五島屋、石見屋、壱岐屋など、湊町だけあって、諸国色豊かな店名を名乗る店が多かった。鰯町は那珂川の東岸河口の縦町筋で、いつも新鮮な鰯が天日干しされていたので鰯町となったともいう。鰯は目の前の博多湾でとれた。福岡藩最大の博多浦には漁師が四〇〇軒もあったという。

博多湾を出ると玄界灘で、これまた魚類の宝庫だった。福岡の北と西は海に面し、しかも、そのすべてが豊かな漁場として知られた。

博多津湊

五カ浦廻船の活躍

千年の歴史を持つ博多津は古来からアジアに開いて栄えてきた。博多津には大唐街といわれるチャイナタウンがあったほどで、貿易で発展してきた町だった。博多津は神屋宗湛《かみやそうたん》・島井宗室《しまいそうしつ》・大賀宗伯《おおがそうはく》・伊藤小左衛門などのアジアに羽ばたいた幾多の海商を生んだ商都だが、徳川幕府の鎖国令によって国内流通に絞られていった。

承応年中（一六五二〜五五）、長崎警備の任を受けた福岡藩から、廻船問屋の宮浦惣左衛門・新八郎・作右衛門が「朝鮮や唐船の漂流、近国・遠国の海上の状況調査」の命を受け、船を仕立てて商いをしながら諸国を廻ったことから、今津の問家、浜崎の水崎家、宮浦の津上家、唐泊の榎田家、残島《のこのしま》の石橋家の五カ浦の海商たちに声をかけ、廻船集団を組んで「五カ浦廻船」と称して、全国的に活躍するようになった。このとき江戸に廻船問屋がなければ伊豆・相模の番所を通れないため、作右衛門が江戸に出て、筑前屋を開いて廻船支配にあたった。『塩飽《しわく》海賊史』には、「江戸幕府創設以来、幕府の海運を一手に担ってきた塩飽廻船が急激に衰退したのは、筑前屋作右衛門の廻船差配による」とある。持ち船六〇隻を縦横に配した五カ浦廻船の活躍ぶりがうかがわれる。

五カ浦廻船に使われた

若松港の帆船

これも福岡

藩主の庵、友泉亭

友泉亭は六代継高の別邸として、宝暦四年（一七五四）につくられた。

城南の早良郡田島村に在り、近くの樋井川の水を引き込んだ池を望む池泉回遊庭園となっている。歴代福岡藩主には学者殿さまはいたが、芸術文化を愛した藩主は初代長政をはじめ見られない。その中で継高はひとり芸術文化を愛した殿さまだった。友泉亭の名は藩儒竹田定直が、久世通夏の歌「世にたへぬあつさもしらず　わき出る泉を友とむすぶいほりを」から選んだ。

『筑前国続風土記附録』には「東南には山々が連なり、西北に福岡城が遠望できる。めずらしい樹木や草花が植えられ、香気を競わせ、樋井川の水を引いた遣り水があふれる池泉となっている。奇岩を積み重ね、石橋を渡れば池の中島、実に巧みな造園である」とあるが、五十二万石の大名家の庭園としてはいかにも質素で、これは勤倹尚武の家風を表したものであろう。

友泉亭は継高の保養所として使われたが、接待所や接見の場としても使われ、そのため、十代斉清が別府橋から友泉亭に至る田島土手に数百本の桜を植えた。

文久三年（一八六三）十一代長溥は薩摩藩の使者をここで迎えている。

友泉亭は数少ない藩政時代の文化遺構で、維新後は村役場や民間所有となっていたが、昭和五十三年（一九七八）に福岡市が購入して整備保存、現在は歴史公園として市民の憩いの場となっている。

友泉亭

現在の友泉亭

これも福岡

博多のごりょんさん

ごりょんさんは博多の町屋の奥さんのことで、博多弁の語りは伊勢屋ゑり孝の安武ハマさん、聞き手の西島伊佐雄さんはデザイナーで私の大先達で、なつかしい。

安武「うちは博多の商家のなかでもしつけや礼儀が厳しかった方です。

主人が夜更けて帰ってきても『ただ今戻りました』と挨拶しよりました。おじいちゃんがまた先に寝らっしゃれんとです。『まーだ帰って来とらんとな』といわっしゃーので『あ、もう帰れまっしょーや』と」

西島「言い訳もしちゃらないかんとですね」

安武「嫁いだ頃は大黒流にかたりよらっしゃったですね。山笠の十四、五日は、お店はほったらかしで、男はみんな遊ばしゃーですけん。店は十一時頃に終わりよりましたが、博多の男は橋ひとつ越えて中洲の街をうろついてこな、寝られんとです。午前二時頃になると足音が聞こえてきます。今日の足音は、あー寺田さんやねーと思っていると、必ずうちに寄んなさる。

『まーだ起きとんなさるならお茶一杯もろーうていこう』と毎晩です。

その頃うちの主人はまだ帰って来とらんわけです」

西島「わたしが子どもの頃は『どうしてがっしゃーな』とか『来てがっしゃい』ということばを聞きましたが、あれは福岡弁ですか」

安武「福岡の武士のことばですね。『なにしがしゃーとね』とか『貸してがっしゃい』『来てがっしゃい』『おいでない』とか、がっしゃいことばは武士のことばで、町人は使いまっせん。福岡で『どうしてがっしゃーな』も博多では『どげんしてござぁーですな』ですもんね」

西島「わたしたち博多のもんからすれば、やっぱ城下町のことばだなあと思って聞いとりましたね」

（西日本シティ銀行「博多に強くなろう」より）

明治期の若いごりょんさん
（『福岡100年』より）

博多のごりょんさん・女性の会

博多石焼大阪屋のごりょんさんでもある西川ともゑさんが会長で、町屋の保存活動・町人文化の継承・地域の祭りの復活などに取り組んで十八年になる。会の名称に女性の会としたのは、ごりょんさんだけでなく、独身の女性にも博多のごりょんさん・博多文化と料理を知ってもらうためだという。

とくに博多の料理については「がめ煮や博多雑煮」などの郷土料理を伝えるために小学生の郷土料理教室を開いている。

第六章 幕末と動揺する藩体制

長崎警備は国粋主義と攘夷運動に発展、開国と進取の気運が生まれなかった。

①開国と攘夷派の台頭

福岡藩の長崎警備は異文化に親しむというより、欧米脅威論をもたらし、早くから攘夷論が藩内を蓋った。そのため幕府の開国にあたっても、開明的な藩主の下にありながら、藩政の近代化策を拒否して対立し、挙国一致で維新に向かうことができなかった。

開明藩主と神州日本を叫ぶ攘夷派の対立

維新の胎動は福岡藩にも押し寄せた。

幕末、安政元年（一八五四）、幕府の開国を受け、諸藩は一斉に洋学を取り入れ、洋式軍制・軍備の導入を図った。

福岡藩で開明主義の筆頭は「蘭癖《らんぺき》大名」といわれた藩主の黒田長溥《ながひろ》だった。

安政二年、幕府はオランダから教師を招へいして長崎海軍伝習所を開校した。伝習生は幕臣だけでなく、広く諸藩に呼びかけた。

福岡藩は、いち早く藩主黒田長溥の命で、佐賀藩四七名に次ぐ二八名を送って洋式海軍を学ばせた。長溥は「当家の軍法は格別に候えども、今を去る二百余年前のものであり、太平を経てその間実戦を知らず、今日に通用するとは覚束ない。

黒田長溥
（福岡市博物館蔵）

異国においてはこの間も戦争が絶えず、鉄砲・大砲など実戦を経験し、精巧を極めたものであり、当家においても採用すべきである」とした。

また、文久三年（一八六三）には博多湾警備のために、残島《のこのしま》・今津の台場検分を長溥自ら出向いて行い、須崎浜・荒戸波奈の台場築造を始めた。

一方、藩政改革を図って精煉所・洋式鉄砲製造・洋式造船・洋式医学の導入などに着手したが、攘夷派や保守派の抵抗で、近代化は進まなかった。安政五年十月十八日、長崎海軍伝習所の蒸気軍艦咸臨《かんりん》丸と観光丸の二隻が、オランダ人教官らを乗せて博多湾に入港、家中にも艦内見学が許された。藩庁は乗馬を提供して太宰府《だざいふ》までオランダ将校を案内している。

福岡・博多の町は「町々群衆見物仕り候」という次第になり、農町民は外国人を初めて見て仰天したらしい。しかし、月形洗蔵《つきがたせんぞう》など攘夷派の筑前勤王党は、「神州日本の神聖な地」を異人に土足で踏ませ、太宰府まで連れ出し、かつ、神前を騒がせたことが恐れ多く、悔しくてならなかった。

福岡藩は寛永十八年（一六四一）、幕府から佐賀藩と隔年交代で長崎警備を命じられ、藩士の多くが長崎勤務で海外の風を知っていたが、幕末になっても西洋の進んだ文化文明に対し、これを学んで追いつき追い越せというより、西洋に脅威を覚え、攘夷（外国排斥・鎖国主義）を訴える者たちのほうが多かった。

これが同じように長崎で西洋と接していた佐賀藩との決定的な違いだった。

長崎聞役庄野半太夫
〔長溥は長崎に聞役（外交）を置いて海外情報の収集につとめた〕

長崎海軍伝習所
（佐賀城本丸歴史館蔵）

福岡藩で藩主長溥の開明方針に反対して、欧米文化を忌避し、欧米人を排斥する攘夷派の筆頭が「尊王攘夷」を説く中老の加藤司書《ししょ》だった。

司書は長崎警備任務のさい、ロシア艦の長崎侵入で脅威を感じて激烈な攘夷論者となった。眼前の巨大な軍艦を見て、このような大型艦をつくって、自在に動かす欧米の文明を知ろうとか、学ぼうとか、まったく思わなかったらしい。

司書は攘夷を主張するとともに、蘭学導入にも強固に反対した。司書を始め、中士の月形洗蔵が率いる筑前勤王党は、「日本は神州であり、その神の地を欧米の禽獣に一歩たりとも汚させてはならない」とする、偏狭で狂信的な考えに凝り固まっていた。くわえて福岡藩の保守的な体質もあり、攘夷ではないが洋式軍制を拒否して戦国以来の軍備や軍法に固執する番頭や銃術師範が多かった。

しかし、番頭が指揮する軍の武装の多くは槍・刀・弓で、先進の藩ではすでに廃止されていた軍制だった。銃術師範が固執した火縄銃は三百年も前のもので、火縄銃もその砲術も近代戦ではまったく役に立たないことに気づかなかった。その結果、慶応四年（一八六八）二月十五日、東征大総督軍に従軍した福岡藩兵の杉茂平が残した書簡では「槍・長刀・弓は一向不要にて一人も持参の者御座なく、まことに鉄砲戦にて、とても余の武器相用い候儀は御座なく由にござ候。右につき、槍は差し返し申し候」という始末に陥り、時代錯誤の軍装で諸藩の失笑を買う始末だった。

プチャーチンのロシア艦侵入と福岡藩の警備
（福岡市博物館蔵）

このときわずかに携行した洋式銃について『物語福岡藩史』には「さすがに銃だけは新鋭のエンピール銃（エンフィールド銃）を装備していた。この銃は前装雷管式施条銃で、前装としては当時最も新鋭の主戦火器であった」とあるが、エンピールは二五挺ほどで、あとは薩長などではとうの昔に廃棄したゲーベル銃だった。武器や装備だけでなく、洋式軍制の導入が遅れた福岡藩では近代戦に対する認識不足がはなはだしかった。

このころ各藩が採用した軍服もなく、「具足下陣羽織もあり、小袴もあり、また異人服もあり」まったくバラバラの服装で、兵士は諸藩兵の統一された軍装を見て、自らの遅れを覚って恥ずかしい思いをした。

佐賀藩兵などそろいの洋装軍服に、七連発スペンサー銃を全員所持し、欧米でも最新鋭のアームストロング砲も装備していた。佐賀藩は万延元年（一八六〇）の時点で弓槍術を廃し、藩士を総鉄砲の軍制に編制していたのである。

幕末、長崎には欧米各国の武器商人が軒を揃えて店を構えていたが、福岡藩は先端火器や知識に、いかに関心がなく疎かったかがうかがえる所以である。

福岡藩祖黒田如水《じょすい》は身体不自由な身でありながら、情報を重視し、中津や福岡から絶えず上京して、最新の情報を入手し、また、宣教師から欧米文化文明を学んで、国づくりに生かしてきたが、幕末に至るとそのような知恵や伝統は枯渇していたらしく、ただ、偏狭な攘夷思想だけが藩内を覆っていた。

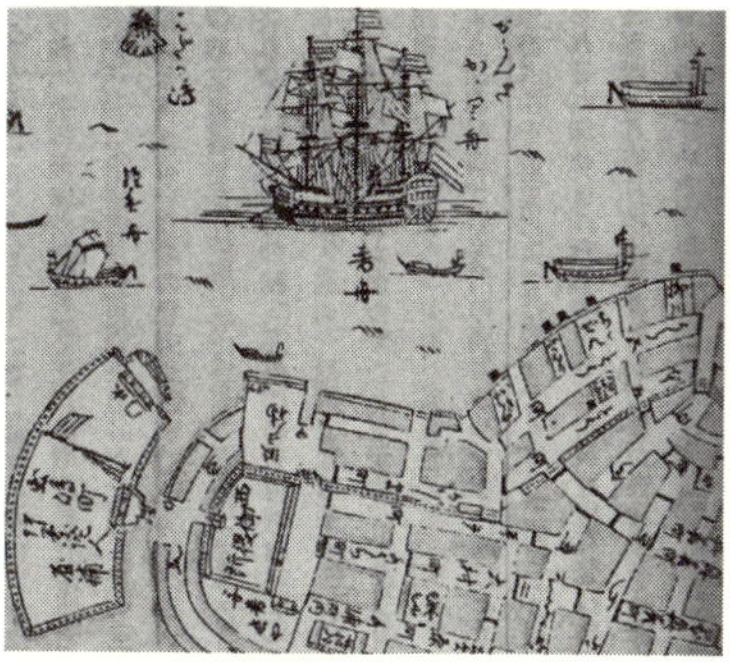
長崎にあった筑前藩邸
（長崎歴史文化博物館蔵）

平野國臣と中村円太の攘夷運動

福岡藩の尊王攘夷と倒幕論の嚆矢は下士の平野國臣《ひらのくにおみ》だといわれる。平野は「古典的な外国脅威論」である。そして脅威論のアジテーターだった。有職故実《ゆうそくこじつ》から勤王に傾倒し、神主の格好をしていつも笛を吹きながら旅をしていた平野は、「倒幕による日本の統一」を目指し、諸藩の決起を促したがその行動はどこか現実離れをしていて、革命家にはほど遠かった。平野が起こした生野の乱も、計画性も何もなく、率いたはずの農民から反対に討たれ、平野は捕らわれた。

開国の現実を知らずに異国を恐れる観念的な攘夷で、勤王の嚆矢と呼ばれた者たちには平野のような者たちが多かった。

わが胸の燃ゆる想いにくらぶれば、煙はうすし桜島山

この歌にあるように平野はあくまで歌人であり、有職故実の学者だった。

文久三年（一八六三）十月、生野の乱で幕吏に捕らえられた平野は元治元年（一八六四）七月、禁門の変の混乱の中、獄吏に斬られた。三十七歳であった。

平野と異なり過激な攘夷派だったのがやはり下士の中村円太だった。

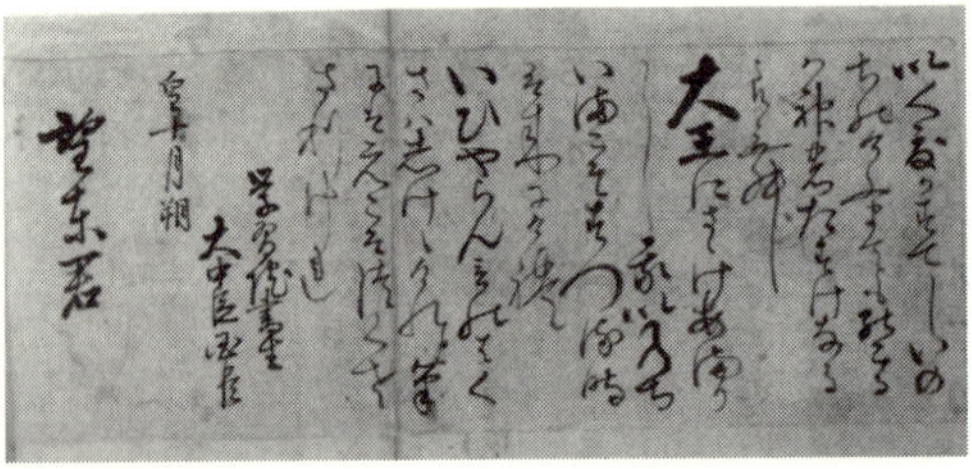

平野國臣書簡
（福岡市博物館蔵）

平野國臣像

円太は無足組中村兵助の二男として天保六年（一八三五）に生まれた。「一を聞いて二を知るの才あり」という秀才だったが、直情径行で、思ったら自らの危難も考えずに行動した。二十四歳で早くも脱藩し江戸に出て、大橋訥庵《とつあん》の門をたたいた。万延元年（一八六〇）三月三日の桜田門外の変を知ると、卒然帰国し、月形洗蔵、鷹取養巴《ようは》らと筑前勤王党を設立、藩主の参勤を止めようとして捕らえられた。これを「辛酉《しんゆう》の獄」といい、円太らは小呂島に流された。

文久三年二月、許されて帰藩。八月、京都の学習院出仕となるが、上京途中で八月十八日の変を知り、長州にとどまった。十二月上京したが、捕まり、国許に送られた。翌元治元年三月、仲間の手引きで脱獄、長州へ逃げた。十一月、高杉晋作を伴い、福岡に戻ってかくまった。

十二月に始まった五卿の福岡移管の交渉では長州にあって「五卿遷座はまったく円太ただ一人の力なり」と野村望東尼の手紙にあるように活躍した。

慶応元年（一八六五）正月、円太が馬関の芸者を連れて福岡に姿を現した。脱獄囚の円太が女を伴って密かに帰藩したことを知った筑前勤王党は、党へ危難が及ぶのを恐れ、自殺せよと迫ったが拒否したので斬殺し、自刃に取りつくろった。「奸党共押さえて円太が首を撃ち落とし、切腹の体に取りなした」とある。

円太無念の三十一歳の死であった。

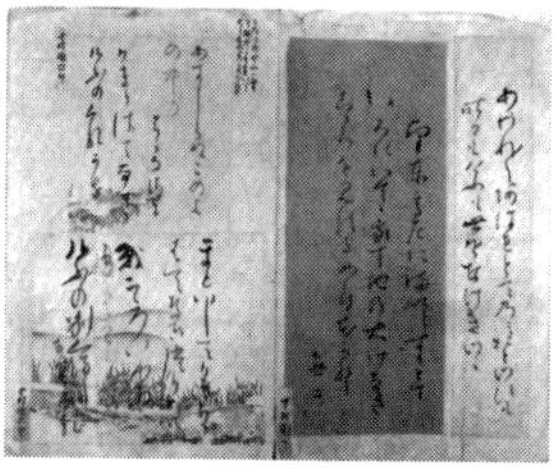
中村円太書
（福岡市博物館蔵）

洋式軍制導入と藩士の抵抗

大藩の福岡藩には和銃・和砲の砲術役が、高野流小筒・中川流小筒・鳥居・目良・津田・陽・中川・荻野・三木・知徹・赤沢・梵天・新格・若松・高野・佐々木・落松・林流と一八派が流儀を競い、砲術役門弟家業一五〇人がいて、総数三九派が秘伝を伝えて家業となっていて、洋式砲術導入に反対した。

その鉄砲修業は目録六年、免許は十年の修行を要した。この家伝の鉄砲術で家禄を得てきた銃術師範にとって、操作の容易な洋式銃などもってのほかだったのである。また、藩内では攘夷派の勢力が強く、彼らが洋式軍制導入に猛烈に反対していたこともあった。

家老の中には「月形格《かく》（洗蔵）ら一統の者（攘夷派）があり、気合いはなはだ難しく、とかく御政治を誹謗していて」洋式軍制の導入など困難で、また、洋式軍制導入は藩のためにならないという意見書さえ提出される始末だった。

大老の黒田播磨も「西洋調練については種々悪説を申し立てる者たちがいる。このような状況で西洋軍法を採用しても、修行する者はいないだろう」と述べている。「安政四年（一八五七）の西洋軍法採用は家臣の抵抗にけん制されて軍備の近代化を実現できなかった」（檜垣元吉九州大学名誉教授）

林流砲術の大筒
（秋月藩砲術林流抱え大筒保存会蔵）

（陽流抱え大筒）
砲術方轟徳郎

隣の久留米藩では洋式軍制の採用提言が藩士から上申されていた。

「砲術に限りては、ご当政後しだいに精密になり、ただいまにては備え立ても古法の陳列にては、大砲はもちろん、小銃も西洋の利用を取り入れるべく候」

そして、火縄銃は現代の戦闘にはまったく役に立たないとまで言っている。

福岡藩では、藩主が同じことを、家老以下に言って聞かせねばならなかった。安政五年四月、長溥はゲーベル銃一五〇〇挺を購入させ、洋式軍制導入に備えたが、洋式軍制は遅々として進まなかった。

「これには孝明天皇の異国嫌いを背景に、西洋調練を好まない尊攘派が勢力を拡大し、重臣たちを動かして西洋調練の導入を阻止しようとしていた」（梶原良則福岡大学教授「安政期福岡藩における西洋軍法の導入と抵抗」）

重臣とは攘夷派の黒田播磨（溥整）・加藤司書、保守派の吉田主馬らで、長溥の洋式軍制導入に真っ向から反対していた。安政六年に入っても、藩主との対立は続き、結局、従来の兵術と西洋式を並行して、訓練をほどこすというあいまいな選択になった。これがのちに戊辰戦争で福岡藩を苦境に陥らせる。

福岡藩がようやく洋式軍制に踏み切ったのは慶応四年（一八六八）五月四日だった。

西洋調練

2 筑前勤王党とクーデターの失敗

一藩尊王攘夷へ藩政転換すべく藩主を説得したが、失敗した筑前勤王党は、クーデターで藩政奪還を謀ったが失敗し、要人テロに走るなど暴走して、藩内を混乱に陥らせ、党主加藤司書以下、乙丑の獄で維新を前に極刑を受けて玉砕した。

加藤司書と筑前勤王党

下士が多い筑前勤王党の月形が頼りにしたのが中老の加藤司書徳成《のりしげ》だった。司書は根っから欧米脅威論を説く尊王攘夷派だった。司書の後ろには大老の黒田播磨溥整がいた。彼らが共謀して長溥が目指す、開国開明と藩政の近代化を阻んだ。「司書は一藩の重臣にして、己は陰にあって謀りごとを内に巡らしたるため、華やかなる場面の展開は少なかったのである。しかし、筑前勤王党の動くところ、必ず司書が重鎮として後ろにあって、糸を引いていたことは言わずもがなであった」（加藤司書公顕彰会『加藤司書公之伝』）。

司書が尊王攘夷をめざしたのは安政元年（一八五四）からだといわれる。

長崎警備でロシア艦の入港に対峙し、外国に脅威を感じて、断固、攘夷に走っ

加藤司書像
（節信院蔵）

た。そのためにまず自分と同じ志を持つ者を集めようと、月形洗蔵、有田勝之進、船田半太夫、坂本甚之丞、神代勝兵衛、海津幸一、鷹取養巴、城武平、長尾正兵衛、伊丹三十郎、原田潤助に声をかけた。月形一党の面々である。

上士では大老黒田播磨（溥整）、大音左京、矢野安雄、吉田主馬、竹田安之進、衣非《えび》茂記、河合新八郎、建部武彦、斎藤五六郎などがいた。

一方、万延元年（一八六〇）三月三日の桜田門外の変に発した激越な尊王攘夷運動は福岡藩にも飛び火した。攘夷過激派だった中村円太は『自笑録』の中で「彼（井伊直弼）虚喝を恐れ城下の要盟をいとわず、またその狡猾の所為を学び開港互市を始む。これ神州未曾有の大恥辱ならずや」と糾弾し、大老暗殺を知ると「終夜喜びて寝ず、かつ諸友に会し、相賀していわく、天下のことこれより始めてむるべけんか」と、朝から祝杯をあげてやまなかった。

この頃の武士は商業を卑しんだ。そこで外国との通商などもってのほかと言うわけである。水戸浪士を範とする過激な攘夷活動が筑前勤王党となった。

「長い鎖国のため世界の大勢は見えない。感情だけが狂暴に荒れ狂っている。日本国が異人に汚されるという恐れは、士農工商の誰にもわかりやすく、直接に、電気のようにピリピリと感電して走る。それが巨大なエネルギーとなり、ハケ口を求めて桜田門外の変を起こし、やがて幕府という旧体制を吹っとばすに至る」（栗田藤平『雷鳴福岡藩・草莽早川勇伝』）

桜田門外の変（月岡芳年画）

この年は藩主長溥の参勤の年だったが、円太や月形洗蔵は参勤中止の建白書を奏上、それどころかこの期に「勤王忠義に転換、天下の魁《さきがけ》に」と叫んだ。円太、浅香市作、江上栄之進は福岡藩の使者とあざむき、薩摩に赴き、薩摩の攘夷派と手を結んで薩・筑連合を画策していた。これらの下士の動きに怒った長溥は、勤王党に謹慎を命じ、円太や月形ら三〇人ほどが捕えられ、「辛酉《しんゆう》の獄」といわれた。

攘夷派の処置を終えた長溥は十月十八日、参勤で江戸に上った。

万延元年は、大老井伊直弼が遣米使節に咸臨《かんりん》丸を随伴させ、勝海舟らをアメリカへ出航させ、開国が進む一方、攘夷運動の嵐も激烈となった年であった。相次ぐ開国派の活発な行動に筑前勤王党の焦りは頂点に達していた。行動に移さねばこの国はずるずると欧化していく。彼らは攘夷の主張を知らしめるために暴力に訴えた。

「近年福岡家中、勤王家、因循家（保守派）、両派に分かれ、勤王家は薩長の志操を尊び、朝廷の御趣意を尊奉して攘夷論を主張し、過激の挙動次第に増長し、他藩勤王の向々へ密々親睦し、わが意のふるまい多端にして、重役の命を不用、因循家は勤王家に圧倒せられ、ご威勢うすく」という事態の中で事件が起きた。

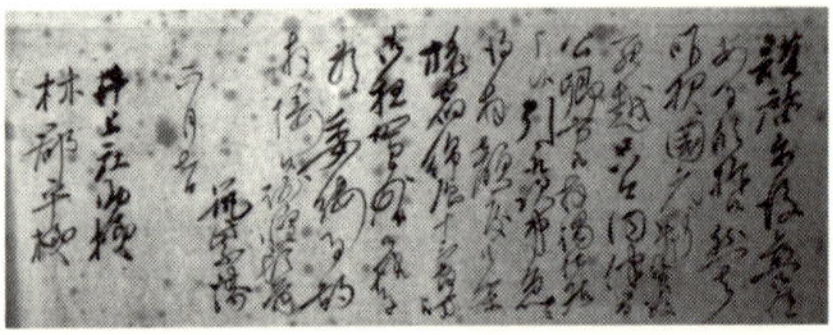
筑紫衛の書状

暗殺に走る尊攘派

元治元年(一八六四)三月二十四日、加藤司書の提言が採用されないのは、君側の奸の性だとして、筑前勤王党が藩財用方の牧市内《いちない》★を襲って惨殺するという事件が起きた。★斬奸状には吉田太郎(足軽)、中原出羽守(神職)とあり、今後も赤心報国の士(筑前勤王党)を愚弄する者あらば天誅を加えるとあった。しかも彼らはその足で獄舎を襲い、入牢中の中村円太を脱獄させた。

司書は筑前勤王党の江上栄之進、鷹取養巴、早川養敬、筑紫衛《まもる》に命じて、長州に逃れたであろう中村円太を追跡させたとあるが、円太をかくまったのは筑前勤王党の幹部の月形洗蔵や建部武彦で、その処置や方法について加藤司書と打ち合わせていたというのだから、円太を捕まえる気はなかった。

なにせ「勤王過激輩、矢野・加藤両家老のお宅へ日々寄り集まり、御政体そのほか御改正筋様々集議致しおり候由」という具合だったのである。

長州では円太の行方は杳《よう》として知れず、しかも、筑紫衛はそのまま出奔してしまった。それどころか衛は因循派の待井次郎兵衛の暗殺を狙っていることが分かった。だが、事件はそれだけでは収まらなかった。七月二十一日深夜、博多の豪商原宗右衛門が襲われ、黒門外にその首をさらすという事件が起きた。しかも

▼牧市内暗殺
牧は長溥の命で薩摩に向かい、薩摩・筑前・長州の三藩連合工作にあたっていたため、筑前勤王党に狙われたようだ。このほか筑前勤王党は対立する家老の浦上一馬、小川氏雄など藩要人暗殺を謀ったが失敗している。

西取入門と黒門橋

「奸商はかくのごとく天誅を加ふるものなり」という立て札まであった。

　相次ぐ凶悪な事件に藩内は慄然とした。

　元治元年七月、京都からの早駕籠《かご》で同志の浅香市作が京都の政変を司書にもたらした。七月十九日の禁門《きんもん》の変《へん》である。司書はすぐさま登城し、重臣会議で「禁門の変」を告げ、この機会に上洛し「長藩の騒擾を鎮撫して、禁裏を守護し奉り、福岡藩の勤王の誠意を見せる絶好の機会」だと主張した。

　八月五日には、欧米列強の海軍が下関を砲撃し、上陸して砲台を占拠した。前年文久三年（一八六三）五月十日、勅命の攘夷期限を迎えたこの日、長州は馬関海峡を通る外国船を砲撃し、攘夷を実行したが、その報復をなしたのである。この前、長州は杉篤助を使者として派遣してきて、馬関海峡で下関と筑前側からの挟撃を提案してきた。司書は長藩に味方して、「一撃に外敵を屠り、佐幕派の中心たる小倉《こくら》藩を屠らんと大いに献策に努め」一藩挙げて勤王に突進するつもりだったのだが、長溥は、そのような暴挙を許さなかった。

　一方、禁門の変後の勅命で第一次征長幕府軍総督・尾張藩主徳川慶勝《とくがわよしかつ》は安芸の広島で軍議を持った。内乱を恐れる長溥と長州を救いたい司書の思惑が一致、司書は長溥の命を受け、腹心の建部武彦、神代勝兵衛を連れ、広島に赴いた。しかし、司書は、長州との同盟こそすれ、討つ気などさらさらなかった。

「いつ外国が皇土を襲うやも知れざるとき、国内にて骨肉相喰むなどもっての

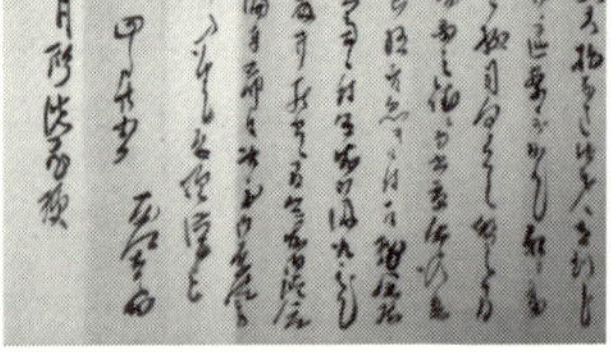
西郷から月形への書状
（月形昂蔵）

占領された下関の前田砲台

ほかであり、長州藩も恭順謹慎を表し、これを討つべき法やあらん」と述べた。すでにこの八月には列強が下関を砲撃している現実があった。これには薩摩の大島吉之助《おおしまきちのすけ》(西郷隆盛)も賛同した。薩摩も対英戦争で、英国軍から手痛い攻撃を受けていた。長州には寛大な処置で臨むことになった。このとき司書は、長州へ逃れてきていた三条実美《さんじょうさねとみ》ら五卿を筑前へ移すことを提案し了承されている。ただ、五卿を盾にした長州の諸隊が一戦も辞さずとなかなか五卿を引き渡さないので、十一月晦日、家老の大音左京が脱藩の罪で入牢中の月形洗蔵らを長府《ちょうふ》の功山寺《こうざんじ》へ向かわせ、三条実美に九州行きを説かせた。(『督府征長記事』)

不可解な司書の行動

長州への寛大な処置については司書の功績だとされているが、小河扶希子《すまこ》『野村望東尼《もとに》』は、まったく別な見方をしている。

「元治元年(一八六四)十二月五日、長州征伐総督府に各藩の軍事責任者が招集されて軍議が開かれた。福岡藩はその軍議に家老の加藤司書を派遣した。ところが司書は軍議の席に現れなかった。この『軍議欠席』を筆頭に『五卿請取方による五卿渡海阻止』、『稟議書がないと請けとらぬ』、『渡海差し止め』、その上に『兵』には『諸隊鎮撫』が最低条件であるのに、福岡藩の五卿請取方は長州藩諸

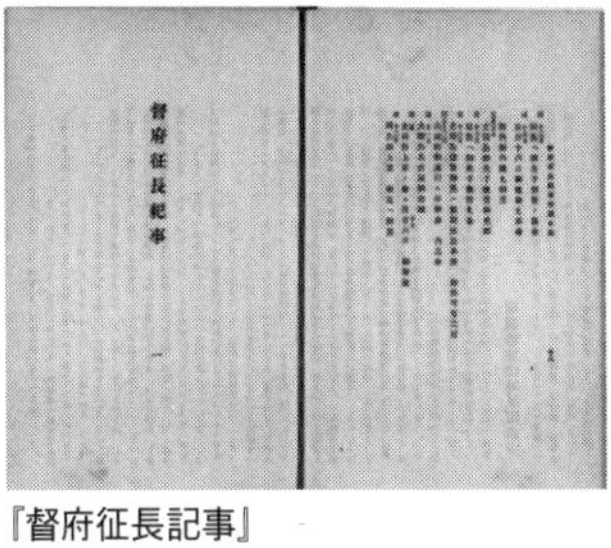

『督府征長記事』
(国立国会図書館蔵)

隊へ一〇〇両もの差し入れをして暴発させてしまった。

一五万人に上る出兵は勅命である。五卿請取方の行動は勅命に背くものとして、幕府は福岡藩に厳しい処置を求めた。福岡藩は止むを得ず断罪に踏み切る。

そして望東尼までも一蓮托生の島流しとなる」

とある。加藤司書は軍議に出席していないという。その上、勤王と言いながら勅命に従わなかったのである。これはいったいどういうことであろうか。

小河の根拠は『征長出陣記』にある。このとき軍議に出席した一八藩の重臣の名簿に福岡藩も司書の名もないのである。そして小河は、「長州に寛大な処置」の進言は加藤司書でなく、喜多岡勇平の働きだとしている。

「喜多岡は、平野國臣の『長州を潰してはならぬ』『開国前に日本統一』という考えのもと、そのためにも長州征伐は何としても回避させたいと岩国湊の談合を皮切りに、不戦へ向けて京都江戸などそれぞれが奔走する人を拡大させ『寛大な処置』にこぎつけた。大仕事をなしあげた喜多岡は十二月に入ってようやく帰宅して、その朗報を病床の望東尼にもたらす」（『野村望東尼』）

たしかに『征長出陣記』には司書の名がない。しかし、『督府征長記事』には、前述のように司書や月形が五卿遷座に働いたことが記されているので、司書は薩摩の大島吉之助らと極秘に事を進めていたのだろう。

実は喜多岡は筑前勤王党が逮捕された慶応元年（一八六五）六月二十四日夜、

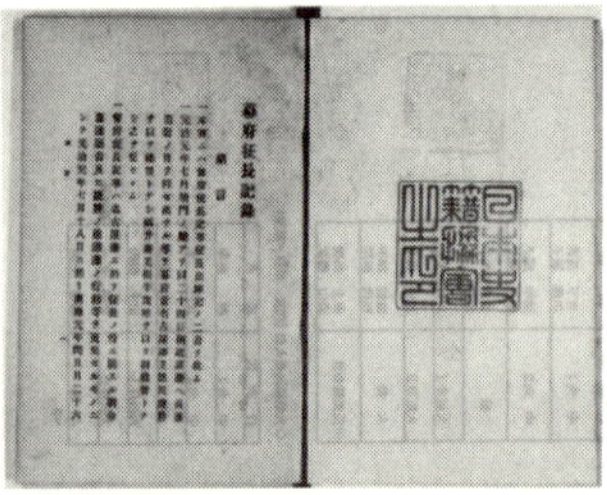
『征長出陣記』
（国立国会図書館蔵）

第二次征長出陣図
（『旧稀集』福岡市博物館蔵）

暗殺されている。これは月形が口をふさぐために命じたといわれ、真相は闇の中である。

長州征討と五卿遷座の背景

江戸時代、幕府は天皇がおわす京都には藩邸の設置や滞在を禁じていた。しかし、開国以来、尊王攘夷運動が盛んになり、朝廷の言動が耳目を集めるようになる文久三年（一八六三）頃から諸大名の上洛が相次ぎ、藩邸を置くようになった。将軍の上洛もあり、京都が政治の中心地となり、藩邸を置く大名は七三家に上っている。そして朝廷工作のため有力公家には薩摩や長州を中心に金品や援助があるようになった。薩摩が工作費に年一五万両、長州が一〇万両使った。それだけではない、諸大名の藩邸建設ラッシュで京都は空前のバブル経済だった。ふいに金のなる木を見つけたどん欲な公家は勝手に工作を始め、いまや朝廷は百鬼夜行していた。公家はにわかに金満家になり「権威」をもてあそぶようになっていった。この中で孝明天皇は孤立し、心を寄せる側近も忠臣もいなかった。それどころか、自身が知らないところで「天皇の親勅」が乱発され、自分が蚊帳の外に置かれていることに危惧を抱いていた。

この頃天皇の周りは三条実美を中心とした長州派の公家で占められ、勅諚とさ

中央が三条実美、右が早川勇

五卿が滞在した延寿王院

れるものは、すべて実美の下にある真木和泉が書いた偽勅諚だった。そのひとつの大和御幸は、「不日、車駕籠が大和に御幸がある。大和御幸の後で、帝は火を放って京中を焼き払い、還幸之叡念（御所に戻る気持ち）を断ち、ただちに錦の旗を箱根の山に進め、幕府討伐の兵を挙げる」という非道なものだったが、偽勅と気づかれ御幸は行われなかった。

天皇はこのクーデター計画に対し、三条らを名指しして「逆賊、三条実美は逆賊である」と怒って追放を決意、天皇が信頼する近衛忠煕《このえただひろ》を使い、密かにその女官を遣わして「奸人朝堂を左右し、いまや偽勅の行われることはなはだし、朕の真意を会津に伝えよ。事あるに臨んでその力を借りんと」と京都守護職の松平容保に助けを求めた。容保は薩摩藩と協力して三条らのクーデターを阻止した。天皇は三条らを京都から放逐した。これが八月十八日の政変である。

こののち天皇は「これまではかれこれ真偽不明の分もあり候得ども、去十八日以後、申し出の儀は真実の朕の存意」（『孝明天皇紀』）と発している。

ところが翌元治元年（一八六四）七月十九日、長州や尊攘激派が天皇を奪略すべく御所へ攻め入った。撃退した後、天皇は長州藩の征伐を幕府に命じたのである。

このように政変で七卿落ちといわれた攘夷派の公家たちは、天皇から「天皇の命を狙う逆臣、逆賊」として、公家の身分を剝奪され、京都を放逐されたもので

七卿落ち（太宰府天満宮蔵）
左から５人目が平野國臣

ある（七卿は二卿五公家で、澤宣嘉が脱走し、錦小路頼徳が死去、五卿となった）。つまり五卿（二卿三公家）は維新後、復位するまでは、実はただの犯罪人でしかなかったのである。福岡藩でも保守派は「五人は勅勘を受けた罪人」としたが、尊攘派の司書らは「倒幕のシンボル」として利用しようとしていた。

藩政に踊り出た司書

征長を中止させ、長州を寛大な処置とする建議がうまくいった司書は広島の旅宿の宝屋で、建部武彦、神代勝兵衛、真藤登らと共に祝杯をあげ、一首詠んだ。

すめら御国の武士は　いかなる事をか勤むべき
　ただ身にもてる赤心を　君と親とに尽くすまで

司書は翌慶応元年（一八六五）正月四日に帰福し、二月十一日、大老黒田播磨が藩主長溥と長知の反対を押し切って司書を家老に昇進させ、筑前勤王党はこの上なく沸いた。さらに大目付に斎藤五六郎、小姓頭に衣非茂記、御用聞役に建部武彦、勘定奉行に梅津幸一、御用部屋に真藤登、中村至、小金丸兵次郎、喜多岡勇平、そして町方詮議役に月形洗蔵が登用され、征長中止や五卿遷座に働いた筑

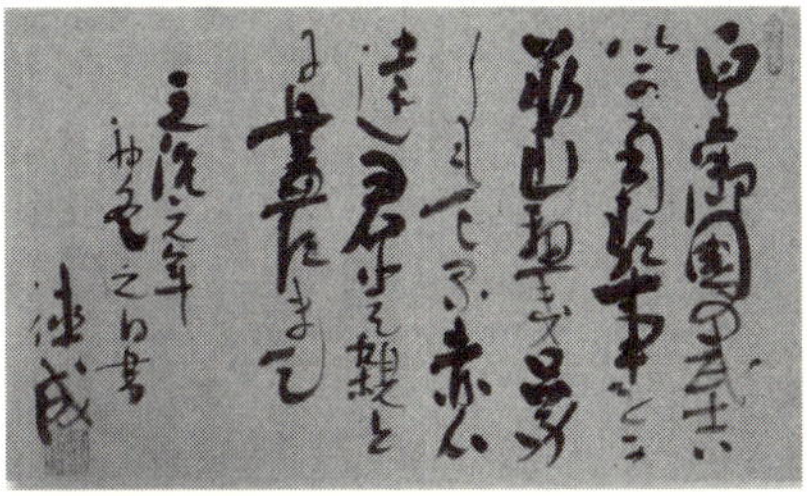

加藤司書・筑前今様
（福岡市博物館蔵）

前勤王党が藩の主要な職に昇り、福岡藩は尊王攘夷派の天下となった。「御家老矢野、加藤を世評勤王大将と申し唱え」と町方のうわさになった。

一方で十三日には、保守派の浦上信濃（数馬）が家老を罷免されている。

攘夷派は、このときとばかりに長州の攘夷派の名を借りて正義派と名乗り、相対する保守派や公武合体派などの佐幕派を「因循派」と名指しで誹謗した。福岡藩では他藩と異なり、開国派と攘夷派の争いではなかったのである。

勢いに乗った司書は藩論を公武合体から尊王攘夷へ転換すべく、その実を上げるために宗教は一藩神道とし、邪教の仏教は廃止、寺院の打ち壊しを説いた。（実際、維新後、「廃仏毀釈・廃仏廃寺」で多くの寺院が壊されている）。

ところが京都で捕らえられた長州奇兵隊総督赤根武人、筑後の攘夷派渕上幾太郎が司書と交わした複数の私信を持っていたことが分かり、福岡藩に通告された。保守派はこれを、福岡藩を危うくするものと非難した。その上、脱獄して長州に逃亡していた中村円太が正月馬関の遊女をつれて福岡へ戻り、筑前勤王党に自刃を装って斬殺されるという事件も起きていた。

長溥と司書の対立

三月四日、窮した司書は長溥に大老黒田播磨らと連名で建白書を差し出した。

連名と言っても名前だけで、司書独断の建白に名を借りた恫喝である。

この建白書に長溥は激怒した。建白書は、長溥の開国近代化は時勢を考えないものだとして、今後は幕府をすて、一藩挙げて尊王攘夷に転換し、そのためには過激派でも有能な士は登用すべきであるとしていた。しかし、その天皇政府の体制やどのような国づくりをするのかなど具体的なものは何もなかった。

その上、孝明天皇の勅命は拝命せずに、天皇から都を追放された過激な公家に同調して、勤王などと叫ぶ司書が理解できなかった。

長溥は司書に愚弄されたと思った。

四月二十八日、建白書を巡って長溥と司書らの勤王派内閣の対立は決定的となったが、世子長知の仲裁や大目付河村五太夫や斎藤五六郎の答申もあって、司書の建白は「基本の打ち出しを中止」(撤回)することで、対立を収めた。

長溥に勤王派への警戒感が芽生えてきたのもこのころだった。四月三十日、長溥は直書を発し、「先祖の遺訓厳守」を通達、家中一統へ過激粗暴と衆人煽動をいましめた。勤王派へのけん制である。これを覚った大老黒田播磨は病気として領地に籠り、同僚の大音左京、矢野安雄も相次いで辞職してしまった。

ひとり、司書は追いつめられた。

『野村望東尼』には、「福岡藩は先の第一次長州征伐において、五卿を受け入れるについて、勤王派といわれる人たちを請取方としてその任務にあたらせた。と

幕末の大音左京

昭和初期の矢野邸

現在の太宰府天満宮

ころが彼ら勤王派は、軍議に派遣した家老（司書）が欠席していたことを始めとして様々に、勅命に背く行為を重ね、藩の保守派の重臣たちをあたふたさせ、藩からは大変な迷惑と怒りをかっていた。一旦、五卿が太宰府に移転すると、勤王派は一転してそれらの不祥事を覆い隠すように、ことさら五卿におもねったり、忠臣としてか、はたまた勤王決起のためかといわれる『犬鳴別館』（宮若市）を計画するなどで、藩内で対立を深めていた。

長州再征が布告され、将軍は江戸を出発、京都到着となった。そこで、福岡藩を始めとして五卿警備の五藩へは、警備は格別厳重申しつけの通達となる。とくに福岡藩は、他藩の手前もあり、勤王派といわれる人たちの処分に踏み切ることにしたのであった」とある。

この頃の司書をはじめとする筑前勤王党の行動は不可解だった。広島での周旋も薩摩の吉井幸輔との間で行い、公の軍議に出席していなかった。長州の過激派と五卿転座の交渉に向かったはずの月形など「月形洗蔵過激暴行随一のところ、長州へ五卿お迎えまかりこし節、金一三〇〇両追々御差し送りに相成り候末、右の御算用（清算）一向に相立てならず、下関または遠賀辺りにも四、五〇〇両借用致し候赴き」とあり、藩金の不明な使途が疑われた。

高杉晋作の功山寺挙兵に、月形が軍資金として渡したらしいのである。

五月一日、城内の中老浦上数馬の屋敷に、人目を避けるように裏木戸から忍び

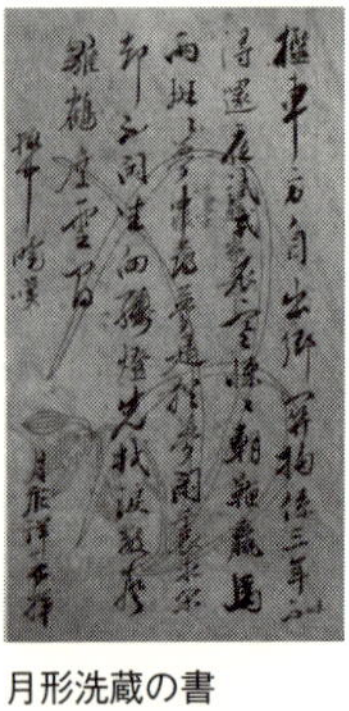

月形洗蔵の書
（福岡市博物館蔵）

こんできた者があった。三坂小兵衛という者で、無足組だったが数馬の竹馬の友だった。三坂が数馬にもたらしたのは驚くべきことだった。

筑前勤王党が数馬と小川氏雄の首を狙い、二人の生首を彼らの主催する茶会に投げ込むという計画があるので、ご用心の上にもご用心をというのである。数馬は小兵衛の「書取」調書を添えて、狙われた同列（中老★一五家）へ回覧して、対策を練り、中老同列の連書を月番家老林丹後へ提出した。

ところが後刻、目付の調べによると小兵衛の密告は、矢野安雄と司書の差しがねであることが判明したという奇怪な事件に発展した。

五月十一日、重なる事件に長溥は監察に司書らの動静を調べるよう命じた。十五日、目付三宅孫作、中澤沢兵衛、時枝中《あたる》、側筒頭澄川春吉郎、魚住大吉が、司書ら勤王派の動静探索の結果を長溥に報告した。

五月二十三日、司書は家老職を罷免され、謹慎となった。

「春吉地方において、勤王党の少壮者たる讃《さぬ》井《い》嘉助、吉田栄五郎、広渡太助、友納軍次郎らは、その頭領たる加藤司書が退職を見て一層憤激し、これまったくかの数馬が陰険手段にでたるものならん、よろしく進んで数馬を刺撃すべしと論じ、秘かに狙っていたが、その年配たる森保平、浅香市作らはいたくその軽挙を戒め、いましばらく機会を待つべしと言いおき、事に及ばさしめたり。

数馬は月の二十三日、浦上家祖先の墓参を欠かさなかったが、三坂小兵衛が内

▼福岡藩中老
中老家は二十家あり、時の藩主によってその中から藩政を執る当番家老が選ばれる幕末には尊王攘夷派五家と公武合体派や保守派十五家に分かれていたらしい。

告に戒心をおき、当日の墓参を止めたれば、幸いにしてその狙撃を免れ、壮士らは手をむなしくして帰りたりと」(『黒田家譜・従二位黒田長溥伝』)

勤王党のテロは容易ならぬ事態になっていた。それだけではない。

「当、四、五月中、家中の若党・小者ら勤王過激の暴行を見ならい、毎夜市中に無頼の輩法外の悪事を致し、簾子《すだれ》を切り落とし、戸樋を引き落とし、門口にある材木らを通りに引き散らし、あるいは窓・障子を突き落とし、女子供を抜き身を持って追いかけるなど存外の不法を相働き」という次第になった。

福博市中は無頼の勤王党の横行で無法地帯となっていた。長溥は家老林丹後、黒田大和、矢野安雄ら勤王派家老を呼んで叱責した。

ところが、閏《うるう》五月八日、勤王派の家老矢野安雄は、勤王派を取り締まるどころか、長州再征について、建白書を出した。

「この度の征長には条理がありません。再征にはたとえ主

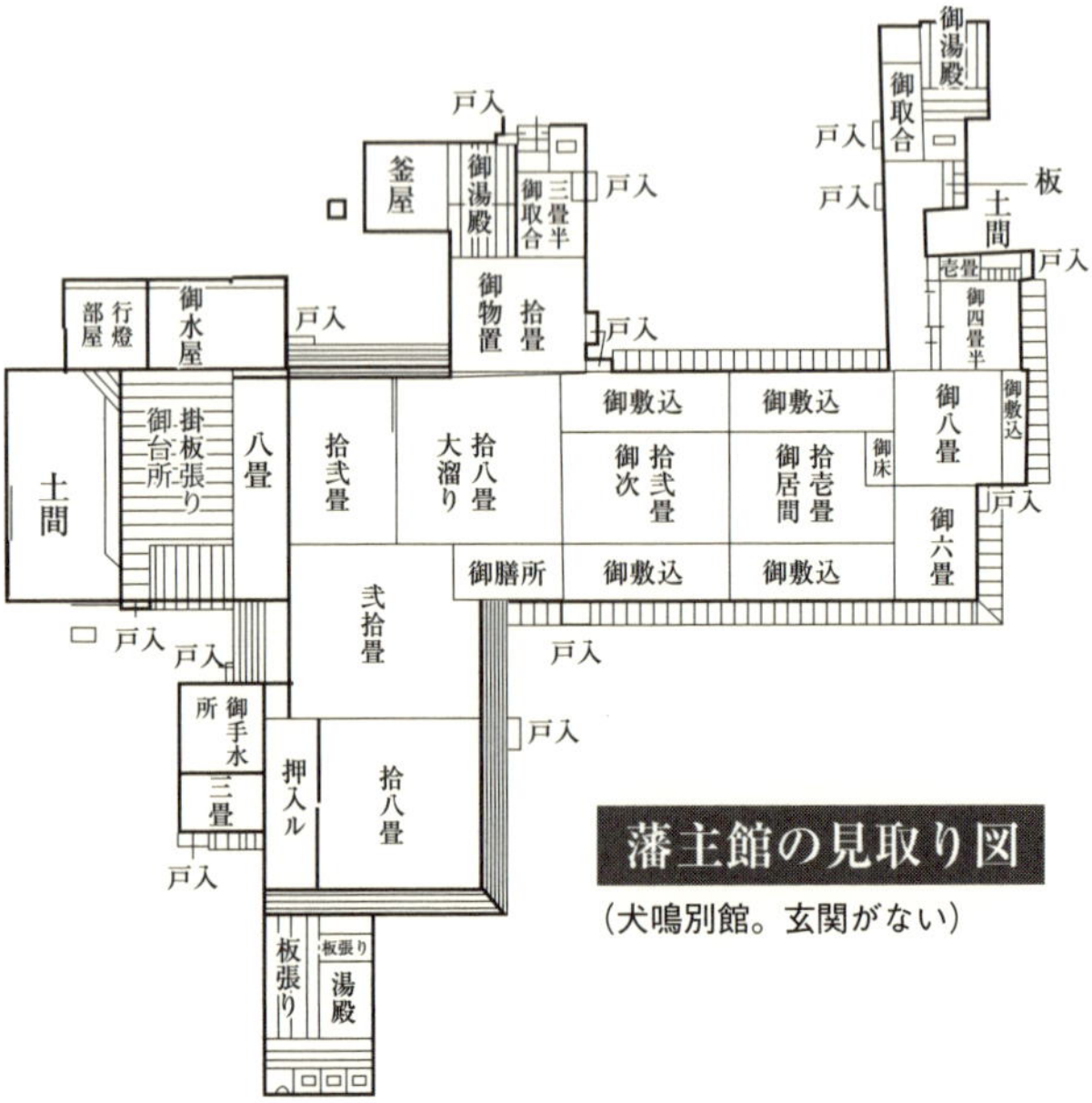

藩主館の見取り図
(犬鳴別館。玄関がない)

命たりとも（兵が）承知しないでしょう。それでも命ずれば脱藩もしかねません。いや、兵士は隊長らを斬殺して出動できないようにするでしょう。よくよく談合されたい」

建白書に形を借りた君命拒否であり、かつ恫喝《どうかつ》である。主君をないがしろにする勤王派に長溥は腹の底から湧いてくる怒りに身を震わした。

六月十八日、追いつめられた勤王派のなかでも過激的な小姓頭《こしょうがしら》の衣非茂記らは、密かにクーデターで保守派をせん滅し、藩政を一藩尊王攘夷に転換させようとしていた。その計画は大老黒田播磨の領地三奈木に五卿を迎え、上座・下座・夜須郡に尊王攘夷の旗を揚げようというもので、藩が三奈木に兵を向けた場合、筑紫郡針摺峠を第一次防衛線とし、薩長の応援を得て、朝倉平野で決戦という作戦だった。このために藩主長溥を廃立して、犬鳴別館に幽閉し、代わりに世嗣長知を擁立しようとクーデターを計画したのである。

これには先に黒田播磨の提言があった。播磨は幕府による五卿江戸移転の命があった場合、断固拒否し、自分の領地三奈木に五卿を移して死守すると長溥に訴えていたのである。播磨はすでに太宰府から三条を領地に迎え、屋敷や領地を案内して、了解を得ていたらしい。衣非の計画は、勤王派の危機を挽回するために播磨の計画を一歩進め、この機に長溥を廃して、一気に福岡藩の政局の転換を謀ろうとしたものだった。

黒田一雄

黒田播磨の領地三奈木

慶応元年（一八六五）六月十八日夜、衣非は播磨の次男黒田一雄に会って、この計画を打ち明けた。一雄は驚愕した。犬鳴別館の建設は加藤司書の献策であったからである。司書には、当初からクーデターの謀りごとがあって犬鳴別館の建設を急いでいたのかと疑念がわき上がったが、その場は格別に反論もせずに衣非の話を聞きおき、その夜密かに長溥の寝所を訪《おとな》い、衣非らのクーデター計画を打ち明けた。（平成十年に発見された図面によると、玄関がなく、開口部のすべてを雨戸で覆い、幽閉できるようになっていた）

『新訂黒田家譜』には、司書が世子長知に計画を説いたが、拒否されたともある。また無足頭の団頼母から「三条実美からクーデター計画を聞き知った」として届けられた。（『維新見聞記』）ここに至って長溥は最後の決断をした。

乙丑《いっちゅう》★の獄と筑前勤王党の崩壊

保守派重臣の暗殺計画に続いて、藩主廃立とクーデター計画、相次ぐ容易ならぬ勤王党の謀略を知った長溥は、密かに保守派の重臣を招集し、事態を告げて対策を練るとともに大目付に彼らの行動を監視させた。

報告を聞くと六月二十日、長溥は直書を発して勤王党の一斉断罪を命じた。

「分外の儀（司書の建白）申し立て、同気（仲間）相集まり党を結び、甚だし

▼乙丑
一八六五年（乙丑の年）。

犬鳴谷御別館模型
（宮若市中央公民館若宮分館蔵）

きにいたりては、あるいは他藩へ通じ、主命を蔑にいたし、我意を主張し、または流言をもって衆人を恐怖させるなどもってのほかである。

われら不肖に候えども、公平正大をもって国政執行候につき、右様の輩者どもへ厳重に申し聞かせ、この段相心得、組中へは入念に教導いたすべきこと」

この日、牧市内暗殺、原宗右衛門殺し、中村円太割腹事件の弾劾を監察に命じ、勤王派の大目付斎藤五六郎、小姓頭衣非茂記、御用聞役建部武彦の役を解き、遠慮を命じた。この頃から勤王派は自壊の様相を見せる。

緊迫が高まる藩内でまた事件が起きた。六月二十四日、長州の寛大な処置のために立ち働いた右筆頭取喜多岡勇平が暗殺されたのである。勇平の暗殺を隣の野村望東尼が聞いていた。犯人はすぐ知れた。月形洗蔵の命で勤王党の伊丹慎一郎、藤四郎、戸次彦之助が勇平を襲ったのだった。

『七卿在日誌』には「加藤と月形両派に別るより来る多し」とあり、追いつめられた勤王党は、過激な月形と司書の間で路線の対立が先鋭化していた。

「勤王派内部において加藤と月形（矢野）両派の対立が、同志打ち、暗殺行動にまで進み、当初の理想を逸脱した過激派集団の観をも呈した」（『筑前維新の道』「幕末・福岡藩の政情と五卿落ち」九州大学名誉教授丸山雍成）

「喜多岡は当時勤王家において肩を双ぶる者もなく、三都は申すに及ばず、東馳西奔、長州の周旋に力を尽くし、近遠国において勤王家の輩は喜多岡といえば

犬鳴谷御別館跡（宮若市）

知らぬ者のないほど高名に候」という重要人物が襲われたのである。

　もう筑前勤王党の無法な行動を許してはおけなかった。

「この大疑獄は、この月の二十六日から二十七日にかけて、まったく疾風迅雷の早業であった。越えて七月一日、一党の首領加藤司書は、閉門・遠慮・一族お預けの厳命に接した」(『加藤司書公之伝』)

　城下は戒厳令下に置かれ、衣非茂記をはじめ、月形洗蔵、海津幸一、鷹取養巴以下百四十余名の「筑前勤王党」の者が捕縛され、謹慎・逼塞・捕縛投獄された。取り調べには近藤又右衛門を長として、副に鈴木六十郎が任命され、天野勝右衛門、西村七郎、秀島三郎、大神熊兵、吉村藤蔵、門司源一郎、吉塚栄一が吟味役となり、糾問にあたった。

　矢野は六月二十八日、家老を免ぜられ、次いで八月五日、吉田主馬が京都詰めを免ぜられ、自宅謹慎となった。勤王派に代わって保守派の小川氏雄、毛利内記、久野将監が藩政を執ることになり、この難局にあたった。

　九月八日、藩主黒田長溥は親書を発し、勤王党の罪を糾弾した。

「勤王党は表に勤王正義を唱えるものの、裏に私曲をくわだて、主命に戻り、みだりに他藩と内通せしは国法を犯すの甚だしきものなりとなして、獄に投じ、すみやかに決罪すべし」(『加藤司書公之伝』)

　裁決

黒田長溥

切腹
加藤司書　家老　二千八百五十九石　三十六歳
衣非茂記　小姓頭　千百八十石　三十五歳
建部武彦　御用聞役　七百石　四十六歳
斎藤五六郎　大目付　六百石　三十七歳
万代十兵衛　同　十五石五人扶持　三十二歳
尾崎惣左衛門　無足組　十四石三人扶持　五十四歳
森安平　城代組　十三石四人扶持　三十八歳

斬罪
伊藤清兵衛　馬廻組　二百石　三十五歳
月形洗蔵　馬廻組　百石　三十八歳
海津幸一　無足組　二十石六人扶持　六十二歳
安田喜八郎　無足組　十七石四人扶持　三十一歳
森勤作　城代組　十石三人扶持　三十三歳
中村哲蔵　側弓組　十二石三人扶持　三十一歳
佐座健三郎　厄介　二十六歳
今中祐十郎　厄介　三十一歳

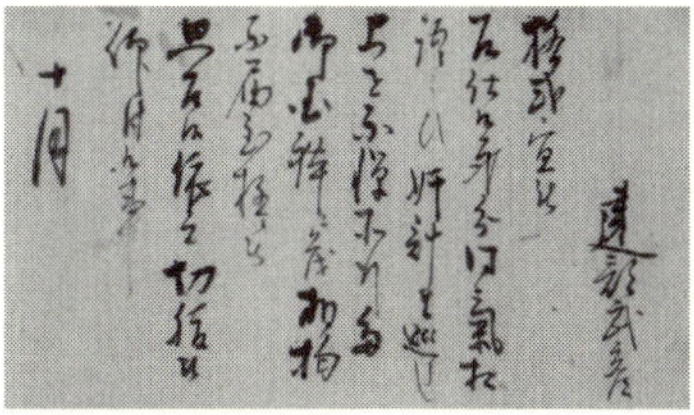
建部武彦切腹命令書
（福岡市博物館蔵）

筑紫衛　厄介　三十歳（死体を斬首）
瀬口三兵衛　足軽　二十九歳
大神壱岐　神官　三十二歳
江上栄之進　儒者　三十二歳

このほかに刑を受けた者は、流罪・宅牢・遠慮・放役・預かり・押し隠しを申しつけられ、その数は一四六人におよぶ大疑獄となった。なかにはスパイの罪で流罪となった望東尼、中村円太をかくまった罪で罰された仙田ゆき子、高杉晋作と面識があった望東尼の下女、山路萱子など女性もあった。

姫島に流罪となった望東尼は牢居先の実家から流された。

「いよいよ明日は姫島に流されんよし定まりたれば、その用意どもすとて、神代、井手、四宮、二川など親しきかぎりのうしたちといて、その用意ども、心いたらぬくまなくもせらるることそ、いみじくうれしく」

十一月四日、寒風吹きすさぶ中あわただしく姫島に送られた。

裁決が下ると加藤司書は中老隅田清左衛門へ預け人となり、屋敷から隅田家へ移された。隅田家では急ぎ座敷牢を組み立て、司書を迎えた。

十月五日、攘夷派が糾弾の根拠とした欧米との通商条約が勅許を得た。これで薩長をはじめ全国の尊王攘夷派はその運動の根拠を失った。

十月二十五日、夕食の膳に酒肴がそえられているのを見て、司書はこの夜、切腹の沙汰があることを覚った。間もなく上使として、大目付河村五太夫が遣わされ、切腹の上意を告げた。司書はただちに自邸から白無垢の羽二重の袷《あわせ》など死に装束を取り寄せた。隅田がご遺言はと聞くと「何も申し上ぐることなし、長々お屋敷を汚してお世話にあずかり、恐縮至極。厚く御礼を申し上げる」と、ことば短かに答えた。すでに覚悟はできていた。

玄関には長棒駕籠が用意され、司書は切腹場の小山町上の天福寺に向かった。

君がためつくす赤心、今よりは
　尚いやまさる武士の一念

司書は辞世を残して独り逝った。行年三十六歳だった。司書の妻は幼い子どもたちを残して、絶食して司書の後を追った。

「司書切腹の夜、加藤家譜代の少壮血気の士は門を開いて、主人の危急を救わんと、その挙動まさに一大事におよばんとす。留守居取次ぎおよび老練の士、固く制御して、ようやく鎮撫することを得たり」

司書の家臣が司書奪還に挙兵する動きもあり、藩庁は町の辻々に警備の者を置いて警戒にあたったが、家臣は司書の屋敷に駆けつけた老臣たちに止められ、筑

加藤司書の切腹『旧稀集』

前勤王党も予想に反して動かなかった。

「福岡、博多津両市中またまた物騒に相なり候間、大身の屋敷は暮れ六つ限り御門を閉めり、鉄砲切火縄にて夜回り厳重に敷き候由」

福博の町は、この間戒厳令下にあったといってよい。

「乙丑の獄」は激変する中央政治をよそに、福岡藩に政治空白を呼んだ。

そのため新しい政治の動きに遅れたことは確かだった。

このようなことから、多くの勤王派を失った福岡藩は維新の政界に人材を送れなかったといわれてきた。

勤王歌人野村望東尼

藩では「京師の事情、早くも筑前に聞こえ、本藩の情実もまた速やかに京師に伝わる。これをいぶかり探索して望東尼の存在が分かる。そこでこの両人を拘束すれば、東西事情の通路を断つことができる」（『野村望東尼』）と探索を命じた。

探索の結果、京都所司代は両人の一人、京都在の馬場文英を逮捕した。馬場は幕末史を記した『元治夢物語』の作者である。

望東尼は歌を通じて、歌集の出版などでたびたび上京し、京都の文化サロン「以文会」の会員でもある馬場と交流があった。馬場は、福岡藩京都藩邸の用達

野村望東尼
（福岡中央高等学校蔵）

(御用商人)で藩邸にも出入りしていた。そこで望東尼との文のやり取りも容易だったらしい。しかし、その手紙に政治情報が書かれていて、検閲で発覚している。藩情報の漏えいを指摘したのは幕府の探索方である。

「福岡藩京都藩邸において幕府側立会いの下に検閲(手紙)されては、流罪は当然の成り行きであった」(『野村望東尼』)

福岡側で藩情報を漏らしていたのは望東尼だということになり、望東尼は藩の機密情報を漏らしたスパイとして逮捕されたのである。

望東尼は、元の名を「野村もと」といった。定年で藩職を退いた夫と二人、平尾の山荘で歌を詠みながら余生を楽しんでいた。もとが五十四歳のとき、夫がみまかり、もとは明光寺で得度剃髪し、「招月望東禅尼」となって、一人山荘に過ごした。その望東尼は藩主が開国派の福岡藩で、尊王攘夷を主張する平野國臣が獄舎にあることを知って、密かに人を介して激励の歌を贈った。

たぐひなき声になくなる鶯は　籠にすむうき目見るよなりけり

この歌に獄舎の國臣から密かに「紙捻文字《こより》」による返歌が届いた。

おのずから鳴けば籠にもかかわれぬる　大蔵谷の鶯の声

平尾山荘

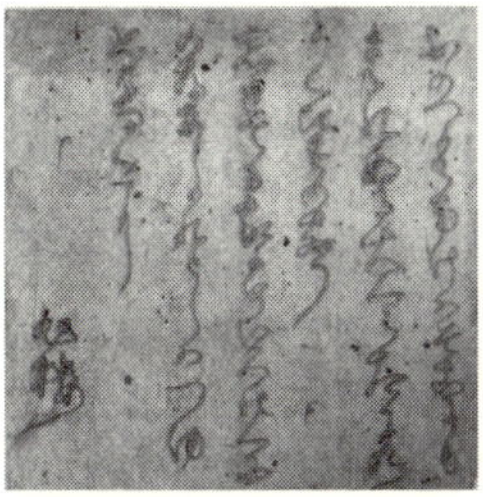

平野國臣が紙捻で書いた文字
(福岡市博物館蔵)

忘れても我かそいろの国の為　悪しかれとしはつゆ思はなくに

この歌を詠んで望東尼の人生が変わった。

文久三年（一八六三）十月、國臣は但馬の生野で倒幕の挙兵をしたが失敗して囚われ、翌年七月十九日、禁門の変の混乱の中で殺害された。

この事件は望東尼にこの上ない衝撃を与えた。望東尼に開国派と攘夷派の争いが理解できていたわけではない。外国はもちろん、彼らの進んだ文化や文明も知らなかった。ただ、命を捨ててまでも自分の信念に生きようとする若者たちの情熱に感動して突き動かされるように、平凡な主婦から一転、幕末の動乱に自ら身を投じたのである。望東尼の勤王への心を決定づけたのが高杉晋作である。高杉は幕府派遣の長州藩随行員として上海にわたり、中国人が欧米人に虐げられているのを見て、開国すれば欧米に後れた日本も同じようになると、帰国後は開国に反対して、領事館の焼き打ちや外国人のテロなど激烈な攘夷（外国排斥・鎖国堅持）運動に走った。そして藩内抗争に敗れた高杉は福岡に逃れ、筑前勤王党の手引きで、望東尼の山荘にかくまわれていた。そのような高杉の激烈な攘夷論に圧倒された望東尼は尊王攘夷運動にのめり込んでいった。

攘夷派や過激派の巣窟となった山荘は福岡藩当局に睨まれ、さらに福岡藩の情報を京都の攘夷派に漏らしていた罪で、望東尼は捕らえられた。

姫島獄中図
（福岡市博物館蔵）

野村望東尼が流された姫島

慶応元年（一八六五）十一月十四日、望東尼は玄界灘の孤島姫島に流された。翌二年九月十六日、望東尼の流罪を知った高杉は密かに同志を差し向けて救い出し、望東尼は下関の豪商白石正一郎方で高杉に再会した。しかし、高杉は労咳に冒されすでに死期にあった。

おもしろきこともなき世をおもしろく　すみなすものは心なりけり

高杉の臨終にあたって、高杉が詠んだ歌の下の句を望東尼が詠み続けたというこの有名な歌は、実は、望東尼が詠んだ歌だった。（『野村望東尼』）

長州内乱のさい、難を避けて福岡に逃亡して来た高杉が、隠れ家とした平尾山荘でこの歌を自分の人生になぞらえて気にいって、いつも口ずさんでいたのだという。いまわの際に高杉が高吟したが、すでに下の句を歌う力もなく、枕元に寄り添っていた望東尼が下の句を続けた。

高杉を送った望東尼は長州藩の厚遇で、その後も山口に滞在した。ところが十月中旬病を得て臥すようになった。十一月六日、病状が悪化し、臨終の床にあった望東尼は辞世を詠もうとしたが筆を握る力もなかった。枕元にあった者が口伝いに辞世を書き取ろうとしたが、ことばにならず、そのまま波乱に満ちた六十二年の人生を終えた。

③

戊辰戦争と福岡藩

攘夷派の制圧もつかの間、京都で王政復古がなると藩主も新政府を受け入れねばならなかった。筑前勤王党が復活して藩政に返り咲き戊辰戦争に参戦したが、戦費で財政破綻、贋金で乗り切ろうとしたが、新政府に摘発され、福岡藩は改易を余儀なくされた。

幕府の崩壊と苦悩する福岡藩

慶応元年（一八六五）十月二十九日、御目見以上が登城し、家老櫛橋内膳から、このたびの勤王党の処断の説明と長溥の直書が読み上げられた。藩政は保守派家老浦上東馬、久野将監が勤王派に代わって執ることになった。

東馬は黒田播磨の長男である。父子で立場が違っていた。藩体制は安定を見たかに思えたが、中央の政治は一層の険しさを見せていた。

将軍家茂の急死とその跡を継いだ第十五代将軍徳川慶喜が新たな政治体制を打ちだし、これに危機感をいだいたのが薩摩の西郷や大久保などの攘夷派である。しかし、開国勅許で攘夷の名分を失った彼らが次に打ち出したのが王政復古だった。しかし、王政復古には難点があった。孝明天皇は王政復古に反対だった。天皇は外国嫌いの攘夷というだけで、幕府体制を認め、将軍家茂との仲も良く、京都守護職松平容保への信頼も大きかった（『幕末の朝廷』）。

これでは王政復古などできるはずがない。天皇との関係も良い慶喜が将軍を継ぎ、それまでの老中政治を廃し、欧米に倣った「立憲君主制」への転換を目指して幕政改革を矢継ぎ早に打ち出すと王政復古派の焦躁は一段と強まった。

そのような中で慶応二年十二月二十九日、孝明天皇が急死した。天皇の死の直後から毒殺がうわさされたのはこのような政治背景がある。

福岡藩は京都東堀川通りに藩邸を構えていた。隣は親藩の鳥取藩邸だった。この頃の福岡藩京都藩邸の動きはあまり見えていない。藩邸には家老の久野将監、聞役《ききやく》（外交調査）桐山作兵衛、東郷吉作、井上六之丞がいたが、錯綜する情報と状況に翻弄されるだけだったらしい。

慶応三年十月、京都市中警備の新選組が勤王方の王政復古の動きをつかんで、将軍慶喜に上申した。十月十四日、慶喜は攘夷派の機先を制して「大政奉還」へ打って出た。またもや攘夷派は倒幕の名目をなくした。

それでも十二月「王政復古」を布告した。しかし王政復古の場には、幕府方も天皇に代わって朝廷を司る二条摂政もいなかった。

「幼帝陸仁（明治天皇）は、王政復古をはじめ、このころの政治にまったく関与していないことが分かっている」（伊藤之雄『明治天皇』）

大政奉還
（聖徳記念絵画館蔵）

王政復古
（聖徳記念絵画館蔵）

睦仁が天皇に即位するのは翌年九月八日で、つまり、王政復古は、天皇も摂政も関知しなかった勅命にない偽勅である。

王政復古で、それまでの朝廷がなくなり、大久保や岩倉が主導して親王を軸に新政府体制を発足させた。十二月二十一日、太宰府延寿院に蟄居していた五卿は、官位の復活と入洛が許され、薩摩の蒸気船で帰京の途についた。

福岡藩では世子長知が五卿に会い、金三〇〇両と博多織を贈って、復位を祝い、これまでの非礼を詫びた。

明けて慶応四年正月三日、上洛する幕府軍と薩長軍が鳥羽伏見で衝突した。応戦した幕府軍に意外なことが起きた。四日、劣勢の新政府方が錦旗を掲げたのである。もちろん偽物である。しかし、錦旗を知らない諸藩は、天皇軍の旗、官軍の旗と思い、賊軍となることを嫌って一斉になびいた。幕府方は賊軍とされ、淀藩や津藩などが次々に裏切って幕府軍に撃ちかけ、挟撃を受けた幕府軍は総崩れとなった。幕府軍の敗戦は十一日頃までには全国諸藩に伝わった。

在京の諸藩は鳥羽伏見の戦闘を知ったものの、傍観していた藩が多かった。福岡藩京都藩邸もその例にもれなかった。それどころか正月五日、鳥羽伏見の決着がつき、幕府方が相次いで退却したことを知って、狼狽した。

聞役の桐山作兵衛と井上六之丞が連書した報告書がそれを示している。

「当今天下の形勢を熟考つかまつるところ、昨今に至り形勢大変革と相成り、

鳥羽伏見の戦い

徳川氏追討の宣命下り、まことに希世の形勢と推移り、大息浩歎至り候。
薩藩人が言うには、筑藩元来因循観望の国にしかず、この間天朝より再三御召し相なり候えどもいまに至るも上京いたさず、かつ重役も出ず、不埒の至りと評論仕り候承り、驚嘆仕り候。昨今の伏見戦争の機会に乗じ、御国論御確定の上、御両殿様御聞き、または御重臣兵数多数お引き連れになり、朝廷ご警衛と名義をお唱えられたく存じ奉り候」

王政復古と筑前勤王党の復活

早速、福岡藩では正月十三日に、家老久野将監、裏判役山内権之進が藩の蒸気船環瀛丸《かんえいまる》で上京した。ところが大坂では上陸を阻止され、そのまま戻っている。福岡藩は容易ならぬ事態となった。

実は五卿上京など京都の動きを見て、十二月二十六日頃から、早川勇や中村至など勤王党を解き放ち、藩政の要路に復職させ、一月二十三日には立花弾正が家老に復職、黒田播磨も二月二十八日には復帰した。

さらに立花采女、黒田美作、小川民部、櫛橋内膳、郡左近が政権に返り咲いて福岡藩は再度勤王政権となり、京都新政府との折衝にあたったが、新政府の態度はつれなかった。一方、鳥羽伏見の戦勝に沸いた新政府軍は「倒幕」をかかげ、

筑前勤王党の若者。左から尾崎臻、山中立木、穂波半太郎、村上彦十、武部小四郎（『物語福岡藩史』掲載）

全国諸藩に征討軍への参戦を命じた。

状況をいち早く知った中国や四国では雪崩を打つように新政府方へなびいたが、九州は一様ではなかった。佐賀藩主鍋島直正《なおまさ》の呼び掛けに応じた久留米藩主有馬頼咸は、一月八日、登城した藩士を前に「一月二十六日、筑前福岡、筑後久留米、肥前佐賀、肥後熊本の四藩の藩主が上洛して、薩長の横暴を諫めることを発した」このとき四藩は佐幕体制にあり、四藩合同上洛を約したのだろう。ところが二十六日夜、久留米藩で家老暗殺によるクーデターが起こり、攘夷派が政権を掌握して、久留米藩の上洛は反故になった。

一月二十六日、再び家老となった矢野安雄が、番頭大組大野十太夫、根本源五左衛門、明石三兵衛以下、将兵四〇〇人を率いて上京した。続いて中老代理郡右馬允、番頭大組竹中与右衛門が出発し、世子長知が二月二十日に出発した。福岡藩の出兵は二三七〇人におよんでいる。

しかし、勤王を誓って出兵したものの、福岡藩兵の評判は芳しくなかった。なにしろ弓や槍の時代遅れの武器、陣羽織に袴姿もあるかと思えばダンブクロ（洋装軍服）ありとバラバラの軍装で、行く先々の戦闘も散々だった。

閏《うるう》四月三日、竹中与右衛門指揮の福岡藩兵二〇〇人が下総船橋で旧幕府軍撤兵隊を掃討しようとしたものの、まるで歯が立たず敗戦、いまさらながら長溥の洋式軍備転換に反対したことが悔やまれたが、すでに遅すぎた。

戊辰戦争の福岡藩兵

戊辰戦争の福岡藩兵

一方、慶応四年（一八六八）三月十八日、奥羽鎮撫総督九条道孝に随行して福岡藩大野忠右衛門の部隊一三六人が海路仙台に上陸した。

総督軍の下参謀は薩摩の大山格之助、長州の世良修蔵が務めた。薩摩藩兵八六人・雑兵役夫一二六人、長州藩兵一〇六人・雑兵三〇人。福岡藩は応接係・永田慎一郎、隊長・大野忠右衛門、監察・杉山新五右衛門、銃隊長・貝原市之進、安永駿、菅弥一右衛門、和田市之丞、神尾七兵衛以下戦士一〇〇人、雑卒三六人。その他総督府付一四四人が随従した。しかし、この部隊は鎮撫というより、東北で戦争を起こさせる役目を担っていた。表向きは東北軍に協力して、逆賊会津を討てということだったのだが、この部隊に東北軍と協力する姿勢は一切なかった。仙台城下での鎮撫総督の兵の悪逆非道ぶりは目に余るものだった。

九条総督率いる鎮撫隊は至るところで市民を凌辱し、暴虐の限りを尽くした。このために「世人は視て鎮撫使の為すところなし、これを憎みて官賊と称するにいたる。これ、奥羽の人望を失う基を開くの一なり。世良参謀、討会出陣と号し、常に福島周辺の妓楼にあり、昼夜昏旦を分かたず杯盤狼藉傍を人無きごとく、ゆえに諸隊長より兵卒にいたるまで、世良参謀を疾《やみ》みる仇のごとし」と、藩士はおろか農町民まで新政府の鎮撫使をさげすみ恨むこととなった。

しかも世良参謀など「会津討伐に異議あらば会津と同罪、不日、督戦しよう」と恫喝する始末だった。このような兵が東北で受け入れられるはずがない。東北

戊辰戦争の福岡藩兵士

は結集して列藩同盟をなし、薩長主導の新政府に抗することになる。新政府の思うつぼだった。こうして東北は彼らの醜い野望のスケープゴートになった。

本来、十五代将軍徳川慶喜の「大政奉還」で、平和的な政権交代が行われるべきであった。しかし、西郷、大久保は「二百年余の太平の旧習に汚染つかまつり候人心にご座候へば、一度は干戈《かんか》を動かして天下の耳目を一新し」と岩倉に言い（「大久保利通文書」）、木戸は「御基礎相立て候のこと、戦争より良法ご座なく候」（「木戸孝允日記」）と政権をとるために戦争を仕掛けたのである。

慶応四年四月四日、京都の新政府の太政官が福岡藩京都聞役を呼びつけ、乙丑の獄の責任者を処罰せよと命じた。福岡藩は勤王に転換した藩政の実を表明するために、四月八日、保守派家老に切腹を命じた。

三人の家老はすでに覚悟していたらしく、みごとな最期だった。野村東馬など、切腹場に向かう駕籠で、「あんまり朝が早よすぎて、最期に博多の嬢もんが見られんばい」と言い、自分の人生をも笑い飛ばして逝った。東馬の妻は、夫は切腹させられるために養子に来たようなものだと詫びて泣いた。

野村東馬	中老五千五百石	二十九歳	切腹場	福岡安国寺
浦上数馬	中老五千三百五十六石	四十五歳	〃	博多石城山妙楽寺
久野将監	中老五千五百二十六石	五十六歳	〃	同

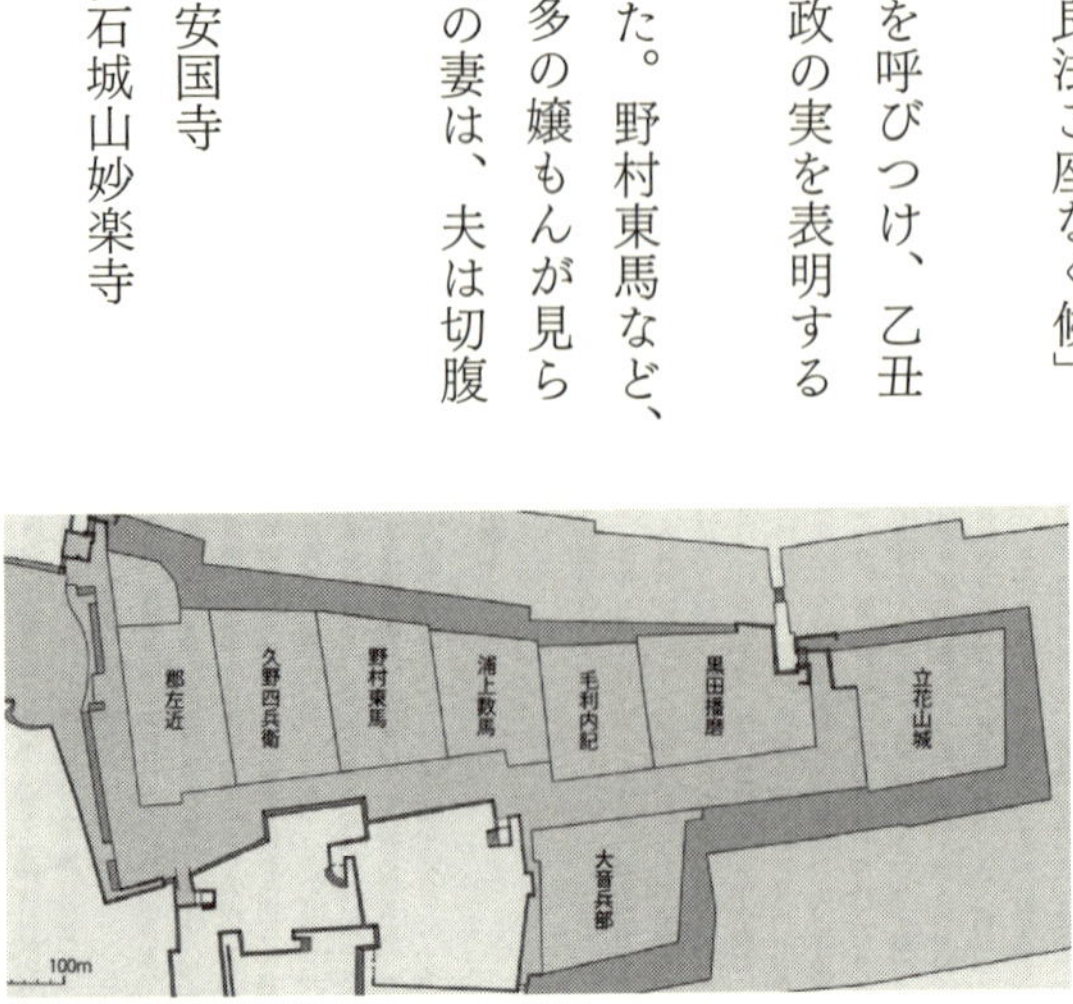

城内の重臣屋敷

苦衷の決断をした藩主の長溥が切腹を命ずるにあたり、親書を発して三人に許しを請うたことがせめてもの慰めといえた。

「汝らが尽くせし忠志のあるところは、われらよくよく知るところなりといえども、いかんせん時勢の変革は霄壌《じょうじょう》（天と地のように）相反し、一藩の危難は今日に迫り来たれり、事ここにおよべり、よろしくわれらが心意のあるところを察して、もって一藩の危急を救い、自ら決するところあるべし」

翌四月九日、首級は塩漬けにして軍艦で京都新政府へ送った。

太政官札贋造事件と福岡藩の終焉

福岡藩の戊辰戦争参戦は、ただでさえ借財一一一万両と疲弊していた藩財政を破綻させただけに終わった。窮した財政担当者が発案したのが太政官札の贋造だった。この頃財政に窮した諸藩は盛んに贋金づくりで乗り切ろうとした。秋田・会津・仙台・二本松・松代・広島そして戦勝した新政府側の高知・鹿児島、それどころか新政府も行った（佐藤誠朗「明治四年七月二日福岡藩処分を巡って」）。

明治三年（一八七〇）、博多鰯《いわし》町下の御船入りに通商局が設けられ、山本兵右衛門が頭取に就任した。通商局は領内の産物を一手に扱い、国内輸出をめざした

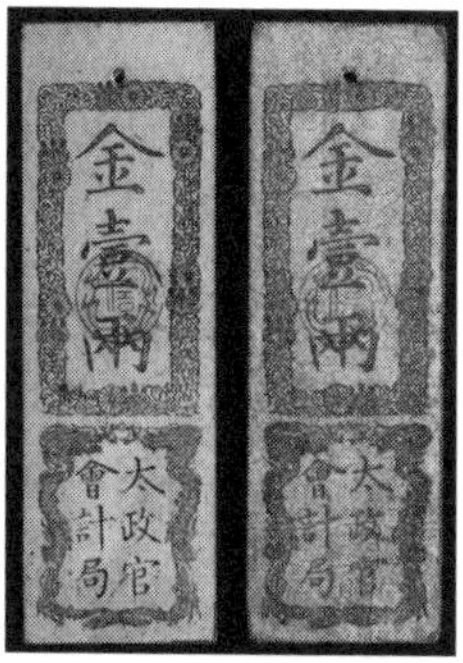

太政官札（左）と贋札（右）

が、手元資金が枯渇していた。そこで山本はこの頃明治政府が発行した太政官札の贋造を思い立ち、会計主宰の小河愛四郎に謀った。

愛四郎はあまりのことに渋ったが、会計も金に窮していたのは同じである。

二人は家老郡成己に相談、郡は家老の立花増美、矢野安雄に相談し、極秘に贋造を始めることにした。幸い改易になった野村東馬の空き屋敷があり、ここを工場として贋造を始めた。つくった贋札で早速、肥後米二万五〇〇〇両分買い付けたが、見破られて正金と替えさせられている。

贋札はその後も久留米・若津・長崎でも使用され、政府目付の日田県知事松方助左衛門（正義）の耳に入った。おりしも、藩の通商局では北海道に新たに得た領地で産物の買い付けを行うべく、藩船環瀛丸《かんえいまる》に一九万両の贋金を積み込み、日本海を北上しながら小浜・敦賀・新潟・酒田・函館・江差で、数の子・棒だら・にしん・昆布・ラッコ皮・熊皮・結城紬・木綿などを買い付け、また、贋札を割り引いて正金と交換していった。寄港先では贋札をつかって派手に遊興したというので、段々大胆になっていったのだろうか。

しかし、このような全国にまたがるニセ札使いがばれないわけがない。

北海道では、怪しまれた通商係浦上玄之丞、半田利惣、御用商人清次郎、丈助、利助、善次、与蔵が逮捕されている。一方先に不審を感じた日田県知事松方助が上京して、福岡藩の太政官札贋造事件を訴えた。

福岡藩の軍艦環瀛丸
（福岡市博物館蔵）

渡辺昇

そこで密偵が福岡藩に放たれ、探ってみると太政官札贋造が明らかとなった。贋金づくりは新政府の威信にもかかわる。そこで参議の木戸孝允は大久保利通に諮って「証拠の明らかな『福岡藩処分』に的を絞って断固処分を決意した」。明治三年七月十八日、長崎出張の弾正台役人渡辺昇の一行が博多に入り、翌十九日早朝、護衛の兵三〇人を率い、藩庁・通商局・銀会所を襲って捜索し、贋造紙幣や印刷機を押収し、職人など二七人ばかりを逮捕した。

多くの職人が突然捕縛され、福博の町は大騒動となった。渡辺はさらに通商局の三隈伝八、吉村五平、近藤奥、有村平一、尾崎栄に謹慎を命じた。

摘発を終えた渡辺一行が小倉《こくら》へ引き上げ、表粕屋の青柳宿に差し掛かったとき、藩知事黒田長知が騎馬で駆けつけ、宿場の御茶屋で、釈明陳情をなした。七月二十三日、会計主宰権大参事小河愛四郎が立花増美と協議の上、一人責任を取って自訴した。矢野は立花と語らい、急遽藩船大鵬丸で薩摩の西郷隆盛に事件収拾の嘆願に向かった。一方、立花は藩船蒼隼丸《そうじゅんまる》で釈明のため上京した。

「大藩たる福岡藩の処分は、朝権の確立を妨げる諸勢力との争闘において、天皇政府の緊急かつ重要な政治課題となった」(公文録・『福岡藩之部』「日誌」)

木戸は、この頃あからさまになってきた「朝・藩政治」のねじれを正して、朝権(新政府の権威)を確立するためには、このさい「大藩をくじく」ことで、新政府の権威を諸侯に見せつけるために福岡藩をスケープゴートにして、一気に

福岡藩船大鵬丸
(東京大学駒場図書館蔵)

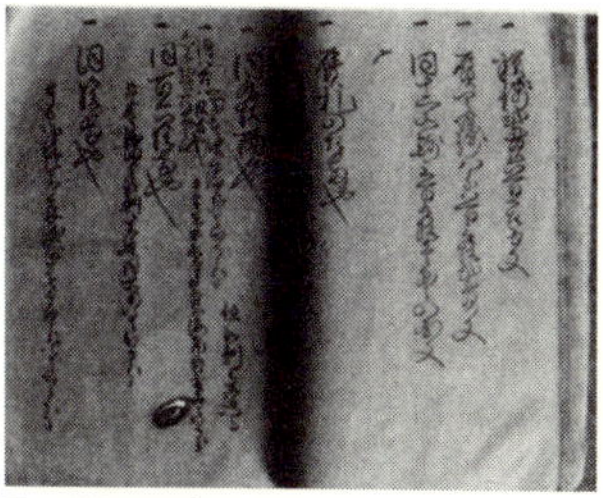

取り調べ調書

「朝・藩政治」のねじれに決着をつけようと謀ったのである。

藩庁では小河に次いで、上村兵助、岩佐藤作、古川俊平、長浜克己、溝部堰、堀澄渡など贋造にかかわった者たちが自訴して、網駕籠で小倉へ送られた。

明治四年七月二日、弾正台は次のような判決を下した。

免本官
福岡藩知事　黒田長知
斬罪
大参事　立花増美、矢野安雄
権大参事　小河愛四郎
小参事　徳永織人
司計局判事　三隈伝八

執行は即日行われ、以下、遠島、禁固など重罪が四二人、その他、士分・職人などへ懲役刑、罰金刑が五十余人に上った。最初に太政官札贋造を企んだ山本兵右衛門はすでに死去していて、郡成己は獄中で発狂し、のち獄死、次いで浦上玄之丞も獄死している。しかし、福岡藩への裁決はこれだけに終わらなかった。福岡藩は七月十四日の廃藩置県を待たずに改易され、二百七十一年の福岡藩の幕を閉じた。哀れだったのは自訴した者たちだった。わが身を犠牲にして藩を守ろうとしたのだが、彼らは「口には勤王を飾り、陰には利欲無知の拙策を計る、悪みても尚残りある国賊」と非難された上に藩がなくなり、残された家族は藩の扶助も受けられずに路頭に迷うことになった。郡はこのような非情な処置を知って精神に異常をきたしたのだといわれている。

黒田長溥・長知一家は城を退去し、浜町の旧大老黒田一美の下屋敷に移った。八月二十三日、旧藩主家に東京移住が発せられた。出立にあたって博多津の商人石蔵屋が餞別として二〇〇〇両を贈り、甘木宿の豪商佐野屋の持ち船環瀛丸で上京。船は財政難で福岡藩が維持できずに佐野屋に返されていたのである。

『維新雑誌』には、この日「浜手は一面に士族・卒・平民に至るまで群衆をなし、御名残を惜しみ、悲嘆の限りに在り候」とある。

「御老公、お殿様は御歩行、若君、姫君は奉抱」浜で最後に別れのあいさつをした。お供は女中九人、世話役二四人が浜から小舟で沖合の本船に乗り込み、同じ船で秋月公一家も東京へ向かった。

『物語福岡藩史』は「ここにおいて、慶長五年、黒田長政入封以来、二百七十年余に渡った黒田氏による筑前支配に終止符がうたれた」と終えている。

黒田長知像
（福岡市博物館蔵）

藩主の館三の丸を追われ、藩主家族は城を出た

エピローグ

福岡復興に尽くした黒田一雄

慶応二年の乙丑の獄、慶応四年の佐幕派幹部処分、明治四年の贋札事件などで多くの人材を失い、そして明治政府による東京移住命令を受け、藩主黒田長知及び義父の長溥が去った福岡の政治的経済的凋落は避けられなかった。

沈滞する福岡で町の復興に一人気を吐いたのが最後の大老黒田一雄だった。

明治十年九月二十二日、地域経済発展の要となる第一七国立銀行（福岡銀行）を設立したのである。発起人と出資額を列挙すると次のようになるが、一雄の出資額は四〇パーセントを占めている。その熱い心がうかがえる所以である。

一雄が銀行設立を諮ったのは旧中老の大音素雪、馬廻組の岡部覚、直礼の上野弥太郎、城代組の中村五平、無足組の高山元右衛門（旧三奈木黒田家陪臣）で、さらに一雄は藩士のほかに甘木町の豪商佐野屋など商人たちに声をかけ、銀行設立で財政基盤づくりを計り、福岡の復興と発展に寄与したのである。

晩年の黒田一雄

黒田一雄	士族	下座郡三奈木村	出資額四〇〇〇〇円
佐野弥平	平民	夜須郡甘木村	二〇〇〇〇円
末松政右衛門	平民	怡土郡加布利村	二〇〇〇〇円
伊藤六右衛門	平民	博多下対馬小路	三〇〇〇円
瀬戸惣太郎	平民	博多上土居町	三〇〇〇円
中村五平	士族	早良郡西新町	三〇〇〇円
佐野三右衛門	平民	夜須郡甘木村	三〇〇〇円
佐野佐平	平民	大阪府中の島三丁目	二三〇〇円
大音素雪	士族	鞍手郡山口村	二二〇〇円
岡部　覚	士族	福岡鉄砲町	二〇〇〇円
樋口吉次	平民	福岡薬院	二〇〇〇円
高山元右衛門	士族	夜須郡甘木村	一五〇〇円
高山徳三郎	平民	夜須郡甘木村	一五〇〇円
上原徳四郎	平民	福岡東唐人町	一〇〇〇円
上野弥太郎	士族	早良郡鳥飼村	五〇〇円

また設立時の役員は次の通りで、商人に経営が任されたことがわかる。

頭取　　佐野弥平

右奥が第一七国立銀行

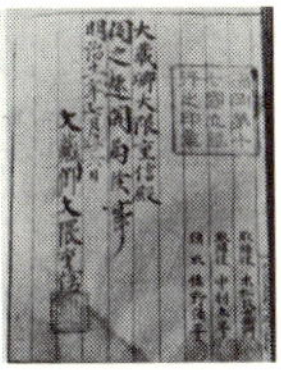
資本金増額願

副頭取　　　　　　中村五平
取締役兼支配人　伊藤六右衛門

このとき資本や経営の面で一雄を援けたのが佐野弥平をはじめとした甘木宿の豪商たちだった。出資者一五人のうち甘木宿の商人が四人、佐野屋の大阪支店を預かった子の佐平を入れ五人、出資額は二四パーセント。一雄と合わせて朝倉資本が六四パーセントを占めた。博多の商人などわずかに二人で、維新後の福博経済の衰退ぶりがうかがえる。

一雄は衣非茂記が陰謀を漏らしたさい、いち早く藩主長溥に知らせ、クーデターを未然に防いだことから、長溥との関係も良かった。三奈木黒田は一雄の父溥整と養父の十一代一美が勤王党で、溥整の長男野村東馬と二男一雄は藩主長溥の開国近代化派だったらしい。

明治四年、長溥は長知のアメリカ留学随員として金子賢太郎、団琢磨を派遣したが、初め一雄を随員とするつもりで本人も承諾していたが、これを知った養父の一美が一雄の父の溥整をおもんばかって阻止したのだという。一雄の失望がうかがえる。結局、一雄の代わりに金子が選ばれたことになる。ちなみに団琢磨の養父は、太宰府に流されていた三条実美から、衣非ら筑前勤王党のクーデター事件を漏れ聞いて、長溥に注進した団頼母である。琢磨の留学は長溥の論功賞の意味合いもあったのだろう。

一雄が米国の大学で学び、広い見識を持って帰れば、明治の中央政壇に、また、学界や事業界に雄飛したことは間違いなかったであろう。

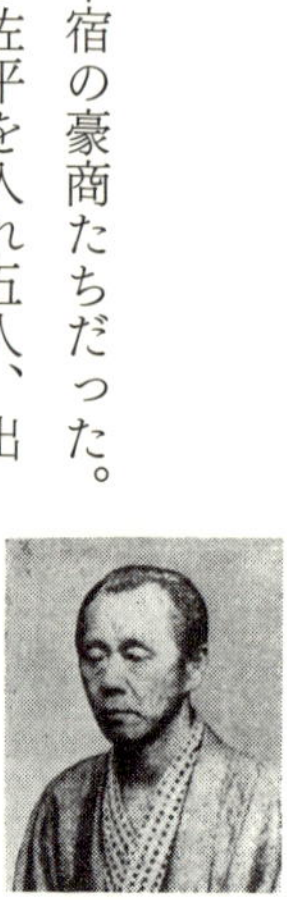
佐野弥平

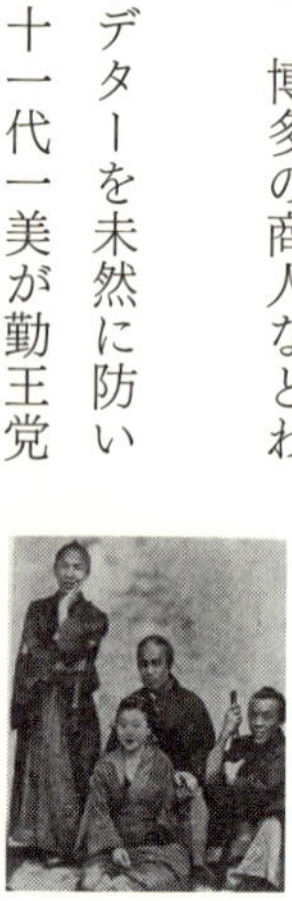
京での若き一雄（左端）

これも福岡

博多織と博多人形

博多織は鎌倉時代に中国から伝えられたといわれ、さらに天正末年頃入宋して、広東織を学んだ彦三郎が博多津で竹若藤兵衛に伝え、二人で研さんして生みだしたのが博多帯だという。その頃生糸は中国からの輸入に頼っていて、鎖国令で一時期苦境に陥ったが、福岡藩が織り元を一二軒に制限して、保護し、国産生糸の生産の奨励や紫色染料の開発などで、復興した。

博多人形

博多織は厳選した生糸にくわえ、紫・赤・黄・紺・青の五色の色として、高雅幽美な織りだったが、爛熟文化の元禄期（一六八八～一七〇四）には地味だとされて受け入れられなかった。文化十一年（一八一四）博多掛町の呉服問屋「亀屋」の山崎藤兵衛が江戸に出て、七代目市川團十郎に依頼して、舞台で岩井半四郎と共に博多絞の浴衣掛け、腰には博多帯の伊達姿が人気を呼んで一躍人気商品になったのだという。この文化文政期（一八〇四～一八三〇）に博多織史上最盛期を画している。

「博多に来るときゃ一人で来たが、帰りゃ人形と二人連れ」とうたわれる博多人形は、博多織と並ぶ博多の伝統的名産品だが、その起こりは慶長時代の中ノ子安兵衛・吉兵衛親子と小堀流山笠人形の白水家が発祥だといわれている。

明治三十三年（一九〇〇）のパリ万国博覧会に出品され好評を博した。

博多人形

博多織

あとがき

歴史小説を書いていると通史と異なる意外な事実に戸惑うことが多い。福岡藩の場合、その例がことのほか多かった。

まず藩祖黒田如水がキリシタンであったことは三代光之が編纂した『黒田家譜』にはなく、イエズス会の記録によらなければ解明されなかった事実である。

幕末の福岡藩の勤王党始末も謎が多い。福岡藩は長崎警備を担い、幕末には「蘭癖大名」といわれた黒田長溥が藩主で、開国近代化をリードしていたのではと思っていたのだが、藩士は保守的で、加藤司書を中心とした頑迷な外国脅威論の尊王攘夷派がいて、まったく洋式軍制や近代化が進んでいなかったなど、通史と事実のかい離の大きさに驚かされた。まさにふてーがってーである。

それにしても地方史を書くのはエネルギーがいる。幸い巻末の参考引用にあるように、福岡地方史研究会や檜垣元吉、梶原良則、安川巌、中村浩理、青木晃、武野要子、小河扶希子、柳猛直、福田千鶴、石瀧豊美氏らの福岡・博多に関する労作があって、まとめることができた。とくに司書については小河先生にご教授いただいた。先達の諸氏に改めて感謝を申し上げたい。

わたしの前作に『三越をつくったサムライ日比翁助』があるが、日比のご先祖は福岡藩筆頭家老栗山利安の家臣だった。わたしの生まれ里はその栗山二万石の城下町だった。現在の朝倉市杷木志波で、実は二代大膳が黒田騒動で流された南部にも志波があった。現在は合併で紫波町だが、それまでは志波といい、その昔、都から来た斯波《しわ》氏が治めたところから志波となったという志波の地名の由来もまったく同じなのがふしぎである。

大膳は懐かしさを感じてか、その志波の村おこしに無方禅師とともに酒づくりを伝えている。志波にある月の輪酒造の横沢大造社長にご案内いただいた南部杜氏の碑には、近江の人が伝えたとあるが、県史や盛岡市史には大膳が伝えたとある。とはいえ南部の志波も例にもれず町が疲弊し過疎化している。

わたしは南部の志波と福岡の志波の由来に奇縁を感じて二つの志波を全国に発信できるよい機会だと『キリシタン武将黒田官兵衛』を上梓した。この著と合わせて、福岡と南部（岩手）の志波のことを全国に知っていただければと願う次第である。

さて、最後に博多で締めるのは「手一本」である。会合や宴席は手一本で終わる。では、みなさまお手を拝借「よー、シャンシャン、まひとつしょシャンシャン、祝うて三度シャンシャンシャン」ここで終わって、この後は異議を唱えられない。それでは、この本についてもすべて、この手一本で締めさせていただきます。

林　洋海

参考・引用転載文献

青木晃『ふるさとの自然と歴史』「福岡の通史」（社）歴史と自然をまもる会　二〇一四
井上精三『福岡町名散歩』葦書房　一九八三
小河扶希子『西日本人物誌・平野國臣』西日本新聞社　二〇〇四
小河扶希子『西日本人物誌・野村望東尼』西日本新聞社　二〇〇八
小和田哲夫『黒田如水』ミネルヴァ書房　二〇一二
加藤司書公顕彰会『加藤司書公之伝』加藤司書公顕彰会　一九二八
貝原益軒（校訂　伊東尾四郎）『筑前続風土記』文献堂出版　一九八五
貝原益軒『黒田家譜（復刻）』歴史図書社　一九八〇
貝原益軒『黒田記略（復刻）』歴史図書社　一九八〇
貝原益軒『黒田家臣伝（復刻）』歴史図書社　一九八〇
梶原良則『安政期における西洋軍法の導入と抵抗』（論文）
金子堅太郎『黒田如水伝』博文堂　一九一六
川添昭二　福岡古文書を読む会『新訂黒田家譜』文献出版　一九八七
栗田藤平『雷鳴福岡藩・草莽早川勇伝』弦書房　二〇〇四
古賀益城『あさくら物語』聚海書林一九五八
佐藤誠朗　人文科学研究「明治四年七月二日福岡藩処分をめぐって」新潟大学人文学部　一九八三
高木俊輔『明治維新草莽運動史』勁草書房　一九七三
高木俊輔『幕末の志士』中公新書　一九七六
竹川克幸『幕末の太宰府と五卿・志士』西日本文化　二〇一五
武野要子『博多・町人が育てた国際都市』岩波新書　二〇〇〇
土居善胤編『博多に強くなろう』西日本シティ銀行　一九八三
中村浩理『肥筑豊州志』福岡県文化財資料集刊行会　一九七一
永松芳郎編『福岡史要』福岡市教育会　一九二四
成松正隆『加藤司書とその周辺』西日本新聞社　一九九七
林洋海『キリシタン武将黒田官兵衛』現代書館　二〇一三
福本日南『黒田如水（復刻）』福岡市文学館　二〇一三
安川巌『物語福岡藩史』文献出版　一九九〇
柳猛直・財部一雄『大名界隈誌』海鳥社　一九八九
柳猛直『福岡歴史探訪』海鳥社　一九九三
柳猛直『悲運の藩主・黒田長溥』海鳥社　一九八九
朝日新聞福岡本部『福岡城物語』葦書房　一九九六
朝日新聞福岡本部『博多町人と学者の森』葦書房　一九九六
黒田長政と黒田二十四騎展実行委員会『黒田長政と二十四騎・黒田武士の世界』黒田長政と黒田二十四騎展実行委員会　二〇〇八
（財）西日本文化協会『福岡県史通史編福岡藩史』福岡県　二〇〇八
飯塚市史編さん委員会『飯塚市誌』飯塚市　一九七五
直方市史編さん委員会『直方市史』直方市史編さん委員会　一九八三
杷木町町史編さん委員会『杷木町町史』杷木町町史刊行委員会　一九八一
福岡市史編さん委員会『福岡市史・資料編』「維新見聞記」福岡市　二〇一四
宝殊山村史刊行委員会『宝殊山村史』東峰村　二〇一〇

林洋海（はやし・ひろみ）
一九四二年、福岡県生まれ、久留米商業高校卒。トッパンアイデアセンターを経て、P&Cクリエイティブディレクター、AGIOデザイン主宰。福岡アジアデザイン交流協会会長、日本グラフィックデザイナー協会会員、星亮一戊辰戦争研究会相談役。著書に『母成峠：そして少年は戦場に消えた』（文芸社）、『ブリジストン　石橋正二郎伝』『シリーズ藩物語・久留米藩』『十二歳の戊辰戦争』『〈三越〉をつくったサムライ日比翁助』『キリシタン武将　黒田官兵衛』『東芝の祖　からくり儀右衛門』（いずれも現代書館）、『医傑凌雲』（三修社）、『新島八重』（上毛新聞社）など。

シリーズ藩《はん》物語《ものがたり》**福岡藩**《ふくおかはん》

二〇一五年七月十五日　第一版第一刷発行

著者――林洋海
発行者――菊地泰博
発行所――株式会社　現代書館
東京都千代田区飯田橋三―二―五　郵便番号　102―0072　http://www.gendaishokan.co.jp/
電話　03―3221―1321　FAX　03―3262―5906　振替　00120―3―83725

組版――デザイン・編集室 エディット
装丁――中山銀士＋杉山健慈
印刷――平河工業社（本文）東光印刷所（カバー・表紙・見返し・帯）
製本――越後堂製本
編集協力――黒澤　務／加唐亜紀
校正協力――岩田純子

 ISBN978-4-7684-7137-1

江戸末期の各藩
（数字は万石。万石以下は四捨五入）